There are no gardening mistakes,
only experiments.

정원 가꾸기는 실패는 없고, 단지 경험할 뿐이다.
- Janet Kilburn Phillips -

- 영국의 오픈 가든 -
유럽의 주택 정원 3

글 문현주   사진 서이수

ATELIER ISU

차 례

프롤로그   6

1장   영국의 오픈가든   8

2장   주택 정원   24

    정원 위치   26

    2.1   세월의 흔적이 남아 있는 정원   28

    2.2   밀레니엄 가든이 있는 정원   34

    2.3   로즈마리 알렉산더의 정원   42

        에피소드 1   비싼 입장료를 낸 정원   50

    2.4   헤드 가드너가 꾸미는 정원   52

    2.5   가족 경영을 하는 웨딩 하우스   60

    2.6   뒤뜰에 프리뮬러가 가득한 정원   68

        Tip 1   코티지 가든   74

    2.7   정원수를 키우는 정원   78

        Tip 2   정원의 쉼터   86

2.8	첼리스트의 정원	88
2.9	농부가 꿈이었던 정원사	94
	에피소드 2 어느 예술가의 자갈 정원	102
2.10	선착장이 내려다보이는 정원	104
2.11	모던 디자인의 기하학식 정원	110
2.12	비타의 첫사랑이 담긴 정원	118
	Tip 3 화단의 경계	126

3장   정원 수업이 있는 곳   128

3.1	RHS 위슬리 정원	130
	에피소드 3 정원에 도서관이 있다.	139
3.2	사라 레이번의 정원	140
3.3	그레이트 딕스터 정원	148

에필로그   156

프롤로그

<유럽의 주택 정원 1,2>에 이어 세 번째로 영국의 주택 정원이다.
정원의 나라로 불리는 영국에서 런던 남부에 위치한 서리(Surrey)주, 서섹스(Sussex)주 그리고 켄트(Kent)주의 주택 정원을 소개하려 한다.

우선 내가 갖고 있는 영국에 대한 기억 중 하나는 2월에 본 붉은 양귀비꽃이다.
어느 해 겨울, 나는 영국에 가야 할 일이 생겼다. 조경 설계를 가르치던 대학에서 정원 설계 수업을 의뢰받았기 때문이었다. 강의 계획을 짜기 위하여 인터넷을 검색하다가 옥스퍼드 불르클린 대학에서 조경, 건축, 인테리어 등 전문가들을 위한 일주일 과정의 정원 디자인 코스를 발견하였다. 나는 망설임 없이 그 강의를 듣기로 하였다.

그러나 영어가 문제였다. 그래서 수업을 듣기 전에 영어 학원에 2주일 과정을 등록하고 영국으로 떠났다. 나는 어학연수 동안에 영국의 가정집에서 홈스테이를 하였다. 주인은 싱글 맘으로 아들이 둘이 있다. 방이 넉넉한 것은 아니다. 홈스테이 손님이 오게 되면 작은 아들의 방을 내어 준다. 그리고 두 아들이 한방을 쓰는 것이다. 주택은 전후에 지어진 작은 국민주택이다.

도착한 날은 2월 초순이었다. 식탁 위에 싱그러운 양귀비꽃이 꽂혀 있다. 나는 환영 이벤트이려니 생각하였다. 그리고 일주일 후 식탁에는 새로운 꽃이 꽂힌다. 경제적으로 넉넉하지 않은 싱글 맘과 상대적으로 비싼 가격의 꽃은 고맙기는 하지만, 혹시 나 때문에 별도의 지출을 하는 것 같아 조금 미안한 마음이 들었다.

하지만 그곳에서 며칠을 지내면서 나는 그 꽃의 또 다른 의미를 느끼게 되었다. 음산한 날씨에 집안으로 들어오면서 따뜻한 공기와 어우러지는 꽃의 조화는 무엇인가 다른 느낌으로 다가왔다. 그리고 그 꽃은 식물학적 모습의 아름다움보다 나에게 이제까지 경험하지 못한 새로운 감성을 만들어 내고 있었다.

이제야 나는 우리 선비의 감성을 조금 이해할 것 같다. 다름 아닌 퇴계 이황(李滉, 1501~1570)의 매화에 대한 감성이다. 나는 학생들에게 한국의 전통 정원을 가르칠 때, 사군자 중에 하나인 매화를 설명하며 '도산월야영매(陶山月夜詠梅)'라는 시(詩)를 인용하곤 한다. 이 시는 선생이 낙향하여 안동에 있는 도산서당에서 달이 훤하게 떠있는 정원을 거니시며 매화의 그림자를 읊으신 시의 한 단락이다.

步躡中庭月趁人　뜰 가운데 거니는데 달은 날 따라오고
梅邊行遶幾回巡　매화꽃 언저리 몇 번이나 돌았던고
夜深坐久渾忘起　밤 깊도록 오래 앉아 일어설 줄 몰랐더니
香滿衣巾影滿身　향기는 옷깃 가득, 그림자는 몸에 가득

퇴계 선생은 정원에서 달을 친구 삼아 어울리신다. 매화를 짝사랑하시어 그 주위를 벗어나지 못하신다. 옷깃에 배인 연인의 향기도 그윽하려니와 친구인 달은 꽃송이만 드문드문 달린 매화 가지의 검푸른 그림자로 선생의 하얀 무명 바지저고리 위에 한 폭의 수묵화를 그리고 있다.

선생은 달밤에 매화나무를 노래하신 것이 아니고 그들과의 만남을 통해 정원에서 느끼는 맛과 멋을 서정적인 감성으로 즐기셨던 것이다. 우리 선비가 읊으신 매화나무나 소박한 영국 가정에 있던 양귀비꽃에 대한 느낌이 곧 정원의 맛과 멋이며 이런 감성을 느낄 수 있게 되는 것이 정원을 가꾸는 진정한 이유일 것이다.

요즈음 정원에 관심이 높아지고 있다. 그리고 이런 관심은 새로운 문화를 만들 것이다. 이때, 우리는 우리 선비가 일상에서 즐기던 정원에 대한 감성을 이해하고 그 맛과 멋을 찾아야 한다. 이것이 우리의 정원 문화를 이어나가는 길이며 우리에게 맞는 한국의 정원을 더욱 발전시킬 수 있는 길이 아닌가 생각해 본다.

나는 책을 내면서 많은 유럽의 정원을 소개하였다. 그냥, <정원 가꾸기>가 취미인 독자들에게 그들의 잘 가꾸어진 정원을 외형적으로 따라 할 수 있게 설명하였다. 하지만 정작 중요한 것은 정원에서 즐기는 그들의 맛과 멋도 전해야 하는데, 나의 짧은 여정과 무지함으로 그것을 적지 못한 것이 크나큰 아쉬움으로 남는다.

끝으로 세 권의 책을 내면서 고마운 사람이 있다.
건축 설계 사무소에 근무하면서 여름휴가를 이 책을 위해 모두 써버린 사진 찍은 서이수와 세 아이를 키우면서 예쁘게 편집해준 백연옥이다. 그리고 유럽의 주택 정원 1권과 2권을 읽어주신 독자 여러분들에게 큰 감사의 마음을 전한다.

2016. 09.
양평 신원리에서
문 현 주

1장 영국의 오픈 가든

영국은 정원을 가꾸는 사람들과 정원 문화의 계승을 위하여 다양한 오픈 가든 행사를 하고 있다.

이 행사로 정원 마니아들은 전국에 분포 되어 있는 정원을 언제든지 방문하여 하루의 소풍을 즐길 수 있다.

영국은 왕립 원예 협회나 NGS 그리고 내셔날 트러스트에서 정원을 개방하고 정원 문화를 이끌어 가고 있다.

1장 영국의 오픈 가든

영국에 정원의 붐을 일으킨 것은 원예가나 조원가라기보다는 18세기에 자연을 찬미하는 낭만주의 사상가 및 문학가들의 역할이 크다고 할 수 있다. 이들은 르네상스시대의 이탈리아 정원과 17세기의 프랑스 정원인 평면 기하학식 정원을 비자연적이라고 비평하면서 자연 풍경의 아름다움을 정원으로 끌어들여야 한다고 주장한다.

1822년 조원가 존 라우던(John C. Loudon)은 최초의 <정원 사전(Encyclopaedia of Gardening)>을 출간하고 1826년 최초의 정원 잡지 <가드너스 매거진(The Gardener's Magazine)>을 창간한다.

이런 정원 잡지의 보급은 광활한 정원을 갖고 있는 귀족들뿐 만 아니라 무역 및 산업혁명 등으로 부유해진 영국의 중산층 사람들도 아름다운 정원을 만들 수 있는 분위기를 만든다. 또한 1830년에 잔디 깎는 기계의 발명과 1845년의 유리세 폐지는 온실을 이용한 실내 식물의 재배와 외국 식물의 도입, 묘목의 증산 등으로 정원 발전에 영향을 미친다.

또한 1권에서 소개하였듯이 시민들의 기부활동으로 시작한 NGS의 개인 정원 개방과 시민들이 자발적으로 자연 및 문화자원을 보전·관리하는 시민환경운동인 NT의 정원 그리고 왕립 원예 협회의 정원 등이 일반인들에게 개방되었다.

다음과 같은 민간단체 또는 국가기관의 정원 개방은 많은 사람들의 관심과 참여를 이끌어 내었으며 국민 누구나 가까운 곳에서 언제든지 정원을 즐길 수 있게 한다. 이러한 정원 문화는 오늘날 영국이 정원의 나라로 불리는 기틀이 되고 있다.

1. The Royal Horticultural Society(RHS)
2. National Trust(NT)
3. National Garden Scheme(NGS)
4. Scotland's Gardens (SG)

1. The Royal Horticultural Society (RHS:왕립원예협회)

1.1. RHS의 목적과 조성과정

RHS는 1804년 런던에서 런던 원예협회(The Horticultural Society of London)로 시작하여 1861년 알버트 왕자(Prince Albert)가 지금의 왕립 원예 협회(Royal Horticultural Society)로 개명한다. 현재 RHS의 최고의 후원자는 영국의 엘리자베스 II세 여왕(HM the Queen)이다.

협회의 목적은 원예 분야의 발전과 자선활동이다. 지금까지 200년이 넘도록 원예 품종 개량, 전문 서적 출판, 정원사 교육 및 학교와 지역사회의 원예활동 지원 등을 하고 있다. 이 협회는 전 세계의 원예 및 정원 분야에 큰 역할을 하고 있다.

1.2. RHS의 우수 품종 인증

RHS의 중요한 역할 중에 하나는 정원 식물의 우수 품종 개발 및 보급이다.
RHS는 1922년부터 우수한 정원식물을 선정하여 AGM(The Award of Garden Merit)이라는 타이틀을 주고 있다. 그 대상은 나무, 채소 그리고 화훼류를 포함한다.

새로운 품종의 정원 식물은 우선 실험 단지(Trials Field)에서 1년 이상 실험 재배된다. 실험 단지는 주로 RHS 위슬리 정원이며 그 외의 정원에서도 실행하고 있다. 그리고 전문가들에 의해 세밀한 심사를 거쳐 우수성이 인정되면 AGM을 수여한다.

이런 품종들은 RHS의 여러 플라워 쇼에서 일반인에게 공개되고 판매된다. 회원들은 이 새로운 품종의 종자나 모종을 분양받을 수 있다.

1.3. RHS의 전시회

RHS는 개발된 다양한 신품종의 보급을 위하여 전시를 하고 있다. 또한 모델 정원을 만들어 다양한 정원 디자인을 전시 정원(Show Garden)에서 보여 준다. 이는 우수 디자이너의 발굴과 젊은 정원 디자이너의 등용문 역할을 하기도 한다.

● RHS에서 주관하는 전시회

RHS London Early Spring Plant Fair : February
RHS London Botanical Art Show : February
RHS London Spring Plant Extravaganza : April
RHS Flower Show Cardiff : April
RHS Malvern Spring Festival : May
RHS Chelsea Flower Show : May
RHS London Rose Show : June
RHS Hampton Court Palace Flower Show : July
RHS Flower Show Tatton Park : July
Malvern Autumn Show : September
RHS London Harvest Festival Show : October
RHS London Shades of Autumn Show : October
RHS London Urban Garden Show : November
RHS London Christmas Show : December

또한 원예 생산자들을 위한 파머즈 마켓(Farmers' Market)을 열어 우량 농산물의 전시와 판매로 원예 산업의 발전에도 기여하고 있다.

1.4. 회원 자격 및 혜택

RHS의 회원 가입은 전 세계 누구나 가능하며 RHS 정원이나 RHS 홈페이지에 들어가서 신청할 수 있다. 1년 회원은 £67 (100,500원)이며 평생회원은 £1,395 (2,092,500원)의 회비를 낸다(2021년 기준). 현재 회원은 525,105(2020년) 명이며 매년 늘어나고 있다. 회원들에게는 다음과 같은 혜택이 주어진다.

- RHS에서 직접 운영하는 5개의 정원에 본인과 동반자 1인 무료입장
- 다양한 RHS 플라워 쇼 입장료 할인
- RHS 파트너 정원에 무료 또는 일부 기간에 무료입장

- RHS 정원에서 수확한 종자 구입
- 월간 잡지 <정원(The Garden)> 무료 구독
- RHS에 정원 가꾸기 조언 및 토양 분석 의뢰
- RHS에서 실시하는 다양한 정원 가꾸기 교육비 할인
- RHS 도서관 이용

1.5. RHS 정원들

RHS의 정원은 195 곳이며 직접 운영하는 RHS 정원과 RHS 파트너 정원 이 있다.

● RHS 정원

이 협회에서 직접 운영하는 정원은 4곳이며 5번째 정원으로 그레이트 맨체스터(Greater Manchester) 지방 워슬리(Worsley)에 154에이커(623,000제곱미터) 규모의 브리지워터 정원(Bridgewater Garden)이 2021년 개장하였다.

① Harlow Carr Garden, North Yorkshire
② Hyde Hall Garden, Essex
③ Rosemoor Garden, Devon
④ Wisley Garden, Surrey

● RHS 파트너 정원

파트너 정원은 191곳이며 영국에 172곳 해외에 19곳이 있다.
영국 내에 파트너 정원은 베스 샤토 정원(Beth Chatto Gardens), 보드 힐 정원(Borde Hill Garden) 그리고 스톤 하우스 코티지 정원(Stone House Cottage Gardens) 등 유명한 정원들이 포함된다.

해외의 파트너 정원은 빌랑드르 성(Chateau Villandry), 발머 성(Château de Valmer)을 비롯하여 16곳의 프랑스 정원과 남아프리카의 바빌론스토렌(Babylonstoren), 미국의 페어차일드 열대식물원(Fairchild Tropical Botanic Garden), 이탈리아의 이졸라 벨라와 이졸라 마드레(Isola Bella and Isola Madre)가 RHS의 파트너 정원이다.

1.6. RHS의 파트너 정원들

① 덴만즈 정원(Denmans Garden)

이 정원은 서쎄스(Sussex)주에 위치하며 유명한 정원 디자이너 죤 브룩스(John Brookes)의 주거지이자 실험 정원이다. 그는 수많은 정원 책을 출간하였으며 정원의 공간에 추상적이고 기하학적인 패턴을 유기적으로 연결하는 현대적인 정원 디자인 양식을 만들어 냈다.

연중 개방하는 이곳에는 다양한 스타일의 정원이 있으며 작은 가든 센터와 카페가 있어 방문객의 편의를 제공하고 있다. 연중 20,000여 명이 방문하고 있다.

② 블레넘 궁전(Blenheim Palace)

영국 잉글랜드 남부에 옥스퍼드셔(Oxfordshire) 우드스톡(Woodstock)에 위치한다. 1704년 블레넘 전투에서 승리를 거둔 존 처칠(John Churchill)의 공로를 기리기 위해 건립된 바로크 양식의 궁전이다. 영국의 전 총리 윈스턴 처칠의 출생지로도 유명하다.

정원은 궁전 주위의 바로크 양식 정원과 궁전 남쪽으로는 조원가 랜실롯 브라운(Lancelot Brown)이 조성한 풍경의 자연스러움을 강조한 영국의 자연 풍경식 정원이 펼쳐져 있다.

③ 히버 성과 정원(Hever Castle & Garden)

런던 남동부 켄트(Kent) 주의 히버 마을에 있다. 13세기 성으로 영국 헨리 8세의 두 번째 왕비인 앤 버린(Anne Boleyn)이 어린 시절을 보낸 곳이다. 넓은 호수가 있는 광대한 정원은 1904년에서 1908년 사이에 발돌프 아스터(Waldorf Aster)가 설계하였다.

1904년에 심은 주목으로 만든 미로, 튜더식 허브가든, 숙근초로 장식한 이탈리아 가든, 4,000종 이상의 장미 화원 그리고 110미터의 초화류 화단이 유명하다.

2. National Trust (NT:내셔널 트러스트)

2.1. NT의 목적과 조성 과정

내셔널 트러스트(NT:National Trust)는 보존가치가 있는 자연이나 역사 건축물과 그 환경을 기부, 기증, 유언 등으로 취득하여 이것을 보전, 유지 및 관리하여 다음 세대에게 물려주는 것을 목적으로 하는 시민운동이다.

이 운동은 1896년 영국의 변호사 로버트 헌터(Robert Hunter), 여류 사회 활동가 옥타비아 힐(Octavia Hill), 목사 캐논 론즐리(Canon Hardwicke Rawnsely)가 주축이 되어 '역사적 명승지나 자연 경관을 위한 내셔널트러스트(National Trust for Places of Historic Interest or Natural Beauty)'라는 이름으로 시작하였다.

영국 의회는 1907년에 특별법으로 내셔널트러스트 법을 제정하였고 1937년에는 NT에게 고유 권한이 부여되었다. 즉 훼손 가능성이 있는 자연·문화 자원을 보존하도록 개발지 및 주변지역의 토지 사용을 제한하는 구속력을 갖게 하였다.

재정은 대부분 회원들이 납부하는 회비와 기부금으로 조달한다. 발족 당시 몇 백 명이던 회원이 제2차 세계대전 직후에는 1만 명, 1982년 100만 명을 넘어서 현재는 260만 명에 이른다.

100여 년이 넘는 시민운동의 성과는 22만 ha의 토지와 성(城), 350여 개의 역사적 건축물 그리고 1,141km가 넘는 아름다운 해안선 등 영국 국토의 1.5%, 해안지역의 17%를 NT가 소유하게 되었다.

이 중에 221곳의 정원 및 공원이 있으며 일반인에게 공개된다. 이는 일 년에 약 190억 원의 예산으로 운영되며 450명의 전문 정원사가 관리하고 2,400여 명의 자원봉사자들이 돕고 있다.

1991년부터 정원사 교육을 위하여 커리어쉽(Careership)이라는 3년 과정의 프로그램을 운영하고 있다. 학생들은 지정된 정원에서 정원사로 근무하며 보다 실질적인 정원 가꾸기와 정원 관리를 배우고 있다.

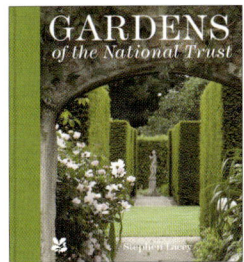

2.2. NT의 정원들

① **히드코트 매너(Hidcote Manor)**
코츠월드 지방의 약 122만㎡의 부지에 있는 주택과 정원이다. 1907년 미국 출신의 원예학자 로렌스 존스톤(Lawrence Johnstone)이 그의 어머니 거투르드 윈드롭(Gertrude Winthrop)과 함께 만든 매력적인 정원이다.

정형식 정원, 풀 가든, 화이트 가든 및 양귀비 정원 등이 있으며, 주목(朱木)으로 다듬어서 만든 생울타리는 가든 룸(Garden room)을 형성한다.

② **스토우 가든(Stowe Garden)**

영국 버킹엄 쉐어에 있는 스토우 가든은 18세기 템플家의 4대에 걸쳐 완성하게 되며, 자연 풍경식 정원양식의 발달단계와 그 시대 취향의 변화를 완벽하게 보여준다. 브릿지 맨과 켄트가 만들고, 켄트와 브라운이 수정한 후 다시 브라운이 개조한다.

1769년 켄트는 기하학적인 선을 없애가며 부드럽게 개조했다. 다듬지 않은 나무를 사용하고 직선을 사용치 않으며 울타리 너머의 모든 자연은 정원임을 강조한다.

③ 시싱허스트(Sissinghurst) 성과 정원

1930년대에 시인이자 소설가, 정원 디자이너인 비타 색빌 웨스트(Vita Sackville-West)의 식재 디자인과 외교관인 남편 해롤드 니콜슨(Harold Nicolson)의 공간 계획으로 만든 정원이다.

엘리자베스풍의 저택 주변에 담과 울타리로 공간을 만들어 방의 개념을 이용하여 정원이 디자인되었다. 각 방은 관목 및 초화류의 종류와 색깔을 구별하여 꾸몄다.

3. National Garden Scheme(NGS: 전국 정원 조합)

3.1. NGS의 목적과 조성 과정

NGS(National Garden Scheme)는 영국과 웨일즈에서 개인의 주택 정원을 개방하여 모금활동을 벌이는 자선단체이다. 19세기 후반 영국에서 가난한 환자들을 돕는 간호사들을 양성하기 위한 자원봉사 단체로 시작하였다.

1859년 영국 리버풀(Liverpool)에 사는 래스본(William Rathbone)씨는 아픈 아내를 위하여 간호사를 고용한다. 그는 아내가 죽은 후에 그 간호사에게 주변의 가난한 환자들을 간호해 줄 것을 부탁한다. 그리고 더 나아가 간호사들을 교육하고, 그 간호사들이 봉사 할 수 있게 한다.

래스본의 뜻을 지지하는 많은 사람들에 의해 간호복지재단이 만들어지고 1926년 웨그(Elsie Wagg)양은 모금하는 방법을 기부 회원들의 정원 개방으로 기획한다. 그리고 1927년부터 암 환자, 파킨스씨 병 환자, 호스피스 병동 등 소외되고 가난한 환자들을 돕는 NGS가 설립된다.

NGS 회원들은 £3~5의 입장료와 간단한 음료수, 케이크 그리고 사신의 정원에서 재배한 모종을 팔아 기부금을 조성한다. 이 행사는 첫 해에 609 곳의 정원을 개방하여 그 해 £8,191의 기부금을 모았다. 일부 초창기에 참가하였던 정원들이 아직도 이 행사에 동참하고 있다. 해를 거듭할수록 NGS에 동참하는 정원들이 늘어나 2015년에는 3,800 곳의 개인 정원에 50만 명이상이 방문하였다. 그 결과 £2,637,000(47억 원)의 기부금이 조성되었다.

NGS는 지금까지 총 £45,000,000(810억 원) 이상의 자선기금을 모아 가난한 환자들의 간호와 보호를 위하여 사용하였다. 초창기 최고의 후원자는 엘리자베스 여왕의 어머니(The Queen Mother)였으며 요즘은 찰스 왕자(Charles, Prince of Wales)로부터 후원을 받고 있다.

NGS의 정원 개방은 기부 행사뿐만 아니라 정원 마니아나 정원사들의 소통의 기회를 마련하고 정보를 공유할 수 있는 기회를 제공하였다. 이는 영국의 정원 문화를 이끌어 가는 중요한 밑거름이 되고 있다.

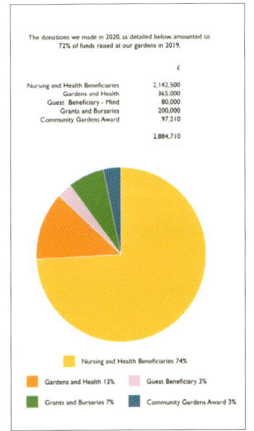

3.2. 정원 선정과정

NGS의 회원이 되기 위해서는 정원 주인이 아래 질문에 모두 '예'로 대답할 수 있으면 NGS에 신청할 수 있다. 접수된 정원은 NGS 운영위원들의 현장심사를 거쳐 선정된다. 개장 기간은 일 년에 한 번 이상이며 날짜와 시간은 정원 주인이 정할 수 있다.

√ 당신의 정원은 흥미롭습니까?
√ 당신의 정원은 매력적인가요?
√ 당신의 정원은 잘 관리되어 있나요?
√ 이 정원만의 개성을 갖고 있나요?
√ 당신은 다과를 제공할 수 있나요?
√ 당신의 정원에 대해 이야기하는 것을 즐기나요?
√ 당신은 유쾌하고 재미있는 하루를 보낼 준비가 되었나요?

3.3. NGS의 정원 방문

매년 NGS는 방문자들을 위해 정원의 개방 날짜, 시간, 위치 및 정원의 개요를 담은 안내서를 발간한다. 이는 <The Yellow Book>으로 발간되었던 것이 2016년부터 <Gardens To Visit>으로 개명 하였다.

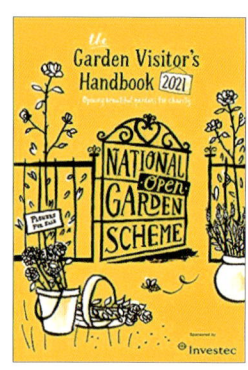

안내서는 전국용은 서점에서 판매하며 각 지역별로 발췌한 내용의 안내서는 가까운 가든 센터나 관광 안내 센터에서 무료로 구입할 수 있다. 또한 NGS 인터넷 사이트에서 지역 명 또는 정원의 이름을 입력하면 개방 날짜 및 위치를 알려준다. 그리고 상세한 지도가 있어 쉽게 찾아갈 수 있다. (http://www.ngs.org.uk).

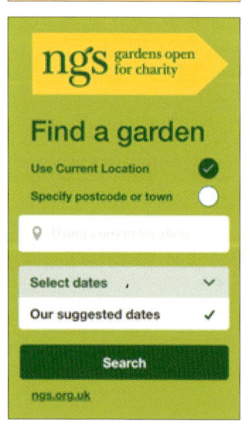

정원에 관심이 있는 사람은 전국 어디서나 가까운 위치에 있는 정원을 찾아 정원을 즐기고 의미 있는 기부 행사에 동참할 수 있다.

4. Scotland's Gardens (SG: 스코틀랜드의 정원들)

영국은 영국연합왕국으로 잉글랜드(England), 웨일스(Wales), 스코틀랜드(Scotland) 그리고 북아일랜드(Nothern Ireland)로 구성되어 있다.

SG(Scotland's Gardens)는 스코틀랜드에서 NGS와 비슷한 목적으로 정원을 개방하여 기부금을 모금하는 자선단체이다. 이 단체는 NGS의 창립 4년 후인 1931년에 창단하였다. SG는 특히 방문 간호사를 육성하고 간호사 협회의 퇴직 간호사를 위한 기금을 조성하여 그들의 노후 생활을 안정적으로 지낼 수 있게 돕고 있다.

1932년 발행된 안내서에 500여 정원이 기록되어 있고 그 해에 모금액은 약 £5,400이었다. 이 금액은 지금의 £242,800에 해당하는 액수이다. 첫 번째 SG의 대표로 민토(Minto) 백작 부인이 의장을 맞았으며 요크와 바이올렛 공작 부인 그리고 마르와 케리 백작 부인 등 많은 귀족들이 후원하였다.

SG의 정원 개방은 마을과 마을을 연계하여 많은 프로그램을 개발하고 있으며 이는 관광객들에게 대단한 인기를 끌고 있다. 몇몇 정원이 그룹을 이루어 개방하거나 한마을에서 최대 25 곳의 정원이 연합하여 개방하기도 한다. SG의 정원들은 1982년에 아름다운 스코틀랜드의 정원들로 인정받아 영국 관광청의 <뛰어난 관광지를 만든 공헌>상을 수상하였다.

이 단체는 정원 개방으로 모금한 기부금의 60%는 SG에 기부하고 나머지 40%는 정원 주인이 자선 단체를 선택하여 기부할 수 있다. 이들은 주로 정원사들의 복지와 그들의 노후 대책을 위한 단체에 기부하고 있다. 특히 다치거나 부상당한 정원사와 그의 가족을 위한 자선단체인 페레니얼(Perennial)에 많은 도움을 주고 있다.

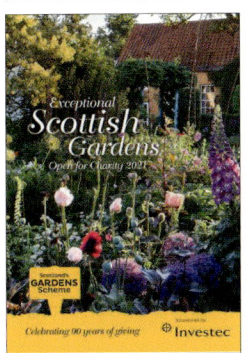

2011년에 SG의 명칭은 SGS(Scotland's Gardens Scheme)에서 SG(Scotland's Gardens)로 바뀌었다. 안내서는 책자로 매년 발행되며 SG 인터넷 사이트에서 정원들의 개방 날짜 및 위치를 찾을 수 있다. (http://www.scotlandsgardens.org)

2장 주택 정원

NGS(The National Gardens Scheme)는 정원을 개방하여 소외된 환자들을 위한 기부금을 조성한다.

정원 주인들은 정원을 잘 관리하고 있으며 정원 가꾸기에 대한 진지한 열정이 있다. 그리고 그들은 기부 행사에 동참하는 방문객들과 정원 문화를 공유하고 즐긴다.

런던 남부에 위치한 서리(Surrey), 서섹스(Sussex) 그리고 켄트(Kent) 주의 주택 정원 12곳을 둘러본다.

2장 주택 정원

3_로즈마리 알렉산더의 정원

5_가족 경영을 하는 웨딩 하우스

6_뒤뜰에 프리뮬러가 가득한 정원

1	Stuart Cottage	Ripley Road, East Clandon, Surrey, GU4 7SF
2	Chinthurst Lodge	Wonersh Common, Wonersh, Guildford, Surrey, GU5 0PR
3	Sandhill Farm House	Nyewood Road Rogate, Petersfield, Sussex, GU31 5HU
4	Gardeners' Cottage	West Dean, Chichester, Sussex, PO18 0RX
5	Upwaltham Barns	Upwaltham, Sussex, GU28 0LX
6	Copyhold Hollow	Copyhold Lane, Borde Hill, Haywards Heath, Sussex, RH16 1XU
7	Merriments	Hawkhurst Road, Hurst Green, East Sussex TN19 7RA
8	Brickwall Cottages	Frittenden, Cranbrook, Kent, TN17 2DH
9	Old Bladbean Stud	Bladbean, Canterbury, Kent, CT4 6NA
10	Pheasant Farm	Church Road, Oare, Kent, ME13 0QB
11	Pheasant Barn	Church Road, Oare, Kent, ME13 0QB
12	Long Barn	Long Barn Road, Weald, Sevenoaks, Kent, TN14 6NH

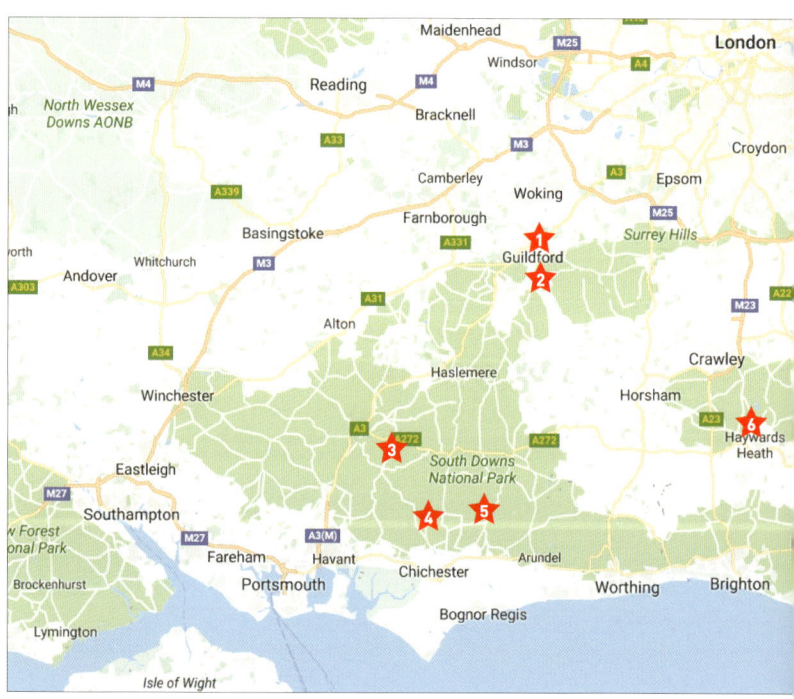

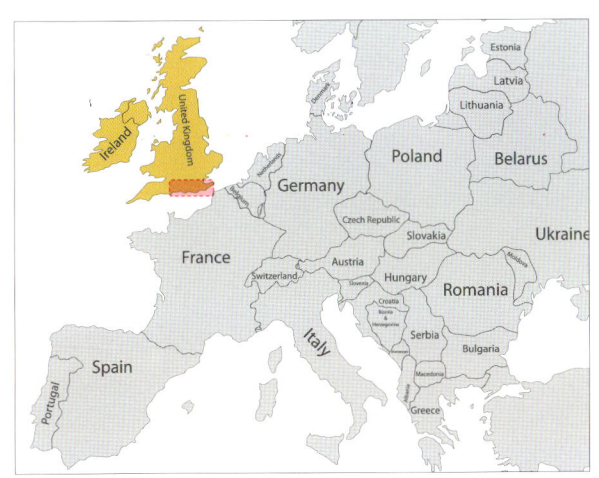

8_ 첼리스트의 정원

9_ 농부가 꿈이었던 정원사

11_ 모던 디자인의 기하학식 정원

2. 1. 세월의 흔적이 남아 있는 정원
- Stuart Cottage -

6월 초이지만 비가 부슬부슬 오고 기온은 11도에서 16도이다. 싸늘하니 피부로 느끼기는 거의 초겨울 날씨이다. 내비게이션에 주소를 찍고 집을 찾아가는데, 숲 속에 있는 도로 중간에서 목적지에 도착하였단다. 이렇게 되면 무척 난감한 일이다.

영국의 주소는 번지수가 없다. 도시지역은 모르겠지만 이번에 내가 찾아 다니는 지방의 주택들은 도로 명까지 나오고 그다음은 집집마다 고유의 주택 이름을 갖고 있다. 다행히 주소의 우편번호가 도로명보다 더 세분화 되어 있어 넓은 저택은 고유의 우편번호를 갖기도 한다. 이곳은 '스튜어트 코티지(Stuart Cottage)'인데 주소에 있는 도로에서 그 이름의 주택을 찾을 수 없었다. 주변에 농장이 있고 사람이 보인다. 그분에게 주소와 주택의 이름을 보여주니 친절히 설명해 주며 길에서는 작은 쪽문만 보인다고 알려 준다.

드디어 집을 찾았다. 가슴 높이의 대문은 나무쪽으로 만들었고 그 위에 조그마하게 집 이름이 적혀 있다. 나무에 이끼가 끼어 있어 흐린 날씨에 차 속에서 얼른 알아보기 힘들었다. 작은 대문에 초인종은 없고 빗장만 걸려 있다. 이럴 경우 그냥 빗장을 열고 현관 앞까지 들어가 초인종을 눌러야 한다. 우리네 상식으로는 조금 겸연쩍은 일이다.

나는 약속시간에 늦었다며 미안한 마음을 전한다. 주인은 영국 주소 찾기가 외국인한테 어려울 것이라며 우리를 이해하여 준다. 아직 비가 내리고 있어 리더 씨 부부(John & Gayle Leader)는 우리를 집 안으로 안내한다. 집은 옛날 농가이다. 천장이 낮으며 방의 구조는 작은 공간으로 나누어져 있다. 온기가 남아 있을 것 같은 벽난로는 아늑하고 따스함을 느끼게 한다.

우리는 거실을 지나 컨저바토리(Conservatory)로 나갔다. 컨저바토리는 일반적으로 음악 학교로 많이 알려져 있지만 정원에서는 주택과 연결된 유리로 만든 부속 건물을 말한다. 이는 보통 유리온실이라고 번역되지만 온실이 식물을 키우기 위한 곳이라면 이곳은 온실에 거실 기능이 추가된 곳이다. 주로 주택에 연결되어 있고 벽과 천장을 유리로 덮어 햇볕이 잘 들어오게 하여 아열대 식물을 키울 수 있다. 그래서 겨울 정원(Winter Garden)이라고도 한다.

리더 씨는 창문이 작아 어두운 분위기의 농가를 개조하는 대신 환하고 햇빛이 잘 드는 컨저바토리를 거실 옆으로 연장하여 지었다. 넓은 창으로 정원이 한눈에 들어온다. 내부는 따뜻하고 몇 개의 화분에 꽃이 피어있어 은은한 향기가 감돈다. 그리고 나는 그곳에서 리더 씨 부부와 정원 이야기를 시작하였다.

이 정원은 2,000㎡정도의 면적이다. 리더 씨 부부는 1975년에 이곳으로 이사 왔으니 이 정원은 40년이 넘은 정원이다. 이토록 오랜 시간 한 사람이 정원을 가꾸다 보면 추억을 간직한 물건들이 그 물건의 물리적 물성 이외에 다른 의미를 갖고 있듯이 풀 한 포기, 나무 한 그루가 더욱 각별할 듯하다.

나는 리더 부인에게 언제부터 정원 일을 좋아하였느냐고 물었다. 그녀는 웃으며 정확하지는 않지만 열 살 때쯤 집안일을 돕기 위해 정원의 잡초를 뽑으면서 식물을 좋아하게 되었던 것 같다고 한다. 나는 예의상 숙녀의 나이를 물어볼 수 없어 그녀의 정원사 경력을 계산할 수는 없었지만 아마 50년 이상임에는 틀림없어 보인다. 정원 개방은 1992년부터 시작하였고 그녀는 지금 서리(Surrey) 주의 NGS 운영위원으로 일하고 있다.

따뜻한 커피 한 잔을 대접받고 나서 정원으로 나왔다. 컨저바토리 앞에서 하꼬네 글라스와 무늬 사철이 주위를 환하게 만들어 준다. 담에 붙어서 자라는 무화과의 줄기가 굵은 선으로 멋진 그림을 그려내고 있다. 벽에 붙은 분수대는 우리네 돌확 같은 수반으로 굵은 물줄기를 받아 낸다. 그 옆에서 키가 큰 팔손이는 연두색의 넓은 잎으로 시원스러움을 더한다.

정원은 주택의 지면에서 서 너 단 위로 올라선다. 올라서니 촉촉하게 습기를 머금은 고색 창연한 작은 오두막이 있다. 이끼 낀 지붕과 창문 옆에 걸어놓은 시계는 나를 과거로 데려가는 듯하다. 오두막 앞에는 알리움이 화단을 따라 길게 식재되어 있고 그 사이사이에 라벤더는 다음 달 꽃피울 준비를 하고 있다.

알리움(Allium)은 백합목 백합과 부추속에 속하는 숙근초이다. 잎과 줄기가 모두 뿌리에서 나오며 부추와 같은 냄새가 난다. 어원은 라틴어의 마늘에서 유래하며 마늘, 파, 부추, 양파 등이 같은 부추속(Allium)에 속한다. 영어 이름이 'Ornamental Onion' 이니 관상용 양파인 셈이다. 정원이나 꽃꽂이용으로 많이 쓰이는 보라색의 큰 꽃은 알리움 기간테움(A. giganteum)이다. 줄기 끝에 달린 큰 꽃은 동그란 모양이지만 200여개의 작은 꽃이 모여서 이루어진 것이다. 진한 보라색에서 흰색까지 다양한 꽃 색이 있고 꽃줄기가 곧게 올라와 정원 식물로 대단한 인기가 있다.

1 진한 초록색의 주목과 밝은 연두색의 하꼬네 글라스가 색의 대비를 이룬다. 2 키 큰 팔손이의 넓은 잎이 주변을 풍성하게 만든다. 3 주물로 만든 흰색 야외용 의자와 테이블이다. 4 반대편에서 본 오두막의 모습이다.

오두막에서 오른쪽으로 한 단을 오르면 잔디밭 한가운데에 분수대가 있다. 그 위에 원형의 수반을 올려 정형식 정원의 모습이다. 회양목으로 다듬은 둥근 토피어리 두 그루와 나선형의 토피어리 두 그루가 입구를 장식하고 있다. 주변 화단은 혼합 식재로 다양한 꽃들을 심었다.

담을 따라 시선을 옮기니 생 울타리 사이에 아치형으로 통로가 있다. 그곳을 지나니 텃밭이 나오고 작은 과수원이 있다. 리더 씨는 과수원에서 마구 자라고 있는 풀을 격자 문양으로 깎아 놓았다. 그 문양 가운데에 사과나무가 한 그루씩 서 있고 잡초가 아닌 야생화는 재미있는 무늬 화단을 만들고 있다.

채소원의 정갈함은 리더 씨 부부의 부지런함을 말해주고 있다. 수돗가의 작업대 높이는 그들이 서서 일하기 편리해 보인다. 수확한 채소도 씻고 모종 나누기할 때도 있으니 허리를 구부리지 않고 작업할 수 있게 만들어 놓았다. 연세 드신 분들께 더욱 유용해 보인다.

리더 씨의 정원은 오래된 농가와 오두막이 어우러져 묘한 잔상을 남긴다. 과거로의 여행이라기보다는 큰 자연에 남겨진 한 조각의 오래된 흔적을 본 것 같다. 그리고 그 앞을 내가 잠시 스쳐 지나간 것이리라. 그 흔적을 소중히 간직해준 리더 씨 부부가 고맙다.

1 완벽한 대칭으로 안정감이 느껴진다. 2 화단 사이에 의자를 두어 잔디밭의 선을 살렸다. 3 오두막 앞에 있는 긴 의자도 오래된 모습이다. 4 크레마티스가 올라가는 퍼걸러는 연속되는 주목과 함께 잔디밭의 경계를 만든다. 5 화단의 벽과 바닥 포장에도 이끼가 끼어 포근한 분위기이다. 6 수돗가의 작업대 높이가 편안해 보인다. 7 텃밭은 한 단 높이고 통로는 바크를 깔아 잡초가 올라오는 것을 막았다. 8 문양을 넣으니 과수원도 아름답다.

2. 2. 밀레니엄 가든이 있는 정원
- Chinthurst Lodge -

오늘도 전형적인 영국 날씨이다. 이런 날씨는 서리(Surrey) 주의 시골 마을을 더욱 영국스러운 풍경으로 만든다. 이 지역은 넓은 들판이 펼쳐져 있고 군데군데 숲이 있다. 숲과 들판을 가로지르는 도로를 따라 띄엄띄엄 작은 마을들이 나온다. 그리고 날씨는 마을에 있는 주택의 붉은빛 벽돌색을 차분하게 만들고 나뭇잎의 초록색을 더욱 진하게 만들어 낸다.

이 주택은 1745년부터 짓기 시작하여 주요 건물은 1840년에서 1895년 사이에 대저택으로 지어졌다. 이런 대저택은 세월이 흘러 주인이 바뀌면서 넓은 대지와 주택을 여러 채로 나누어 개발되기도 하는데 이곳은 1952년 한 채의 저택이 한 지붕 아래 3주택으로 분리되었다. 이 중 한 채가 힐러리와 마이클 굿리지(Hilary and Michael Goodridge) 부부가 사는 친터스 로지(Chinthurst Lodge)이다.

25년 전, 굿리지 부부는 전원으로 내려올 계획을 하고 있었다. 그리고 4,000㎡의 대지와 20,000㎡의 초지가 있는 이곳을 찾았다. 부인 힐러리는 한눈에 반했다. 그녀는 승마가 취미이며 마구간을 가질 수 있다는 것이 더욱 마음에 들었다. 남편 마이클은 대지가 너무 넓어 정원으로 꾸미려면 그 관리가 걱정되었다. 하지만 그녀의 소망은 남편을 설득하여 이곳으로 이사 온다.

이 정원의 디자인은 힐러리가 직접 하였다. 그녀는 많은 정원을 방문하고 정원 잡지와 책으로 공부하면서 서두르지 않고 한 부분씩 정원을 꾸며 나갔다. 힐러리는 정원에 각기 다른 성격의 방을 계획하였다. 주택 주변은 정형식 정원(Formal Garden)으로 꾸미고 옛 우물 옆으로 코티지 가든(Cottage Garden)을 만드는 등 다양한 모습의 개성 있는 정원의 방을 만들어 나갔다.

그녀에게 가장 영향을 준 정원은 로즈마리 비어리(Rosemary Verey, 1918~2001)의 반스리 하우스(Barnsley House)의 정원이다. 로즈마리 비어리는 유명한 거트루드 지킬 그리고 비타 색빌 웨스트에 이어 20세기에 영국을 대표하는 정원 디자이너이다. 특히 그녀는 채소원(Kitchen Garden)을 아름답고 실용적인 디자인으로 끌어올렸다는 평을 받고 있다.

비어리는 반스리 정원에서 단순하게 채소, 허브, 과실수를 키우는 채소밭을 아름다운 정원의 또 하나의 방인 키친 가든으로 만들었다. 그녀는 채소의 잎과 꽃을 이용하여 다양한 질감과 색상으로 텃밭을 디자인하고 수확을 위해 설치하는 허수아비, 지지대 등을 장식물로 이용하였다. 이러한 키친 가든은 많은 정원사들에게 채소원의 모델이 되었다.

더욱이 로즈마리 비어리는 이 책에서 소개하고 있는 NGS의 오픈 가든과 인연이 깊다. 그녀는 1970년 NGS의 권유로 반스리 하우스의 정원을 개방하게 된다. 이 자선 행사의 참여는 그녀와 그녀의 정원을 유명하게 만든다. 그녀는 정원과 관련된 전문 교육을 받지는 않았지만 40세가 넘은 나이에 반스리 정원을 가꾸면서 본인의 숨겨진 능력을 발견하고 개발하게 된다. 그리고 이 반스리 정원은 로즈마리 비어리를 유명한 정원 디자이너로 만들었다.

굿리지 부부의 정원은 거실 앞에 있는 화이트 가든 부터 시작한다. 이사 오면서 별 계획 없이 일반적인 화단으로 꾸며 놓았던 곳이다. 언젠가 힐러리는 시씽 허스트의 화이트 가든에서 감명을 받았다. 그리고 몇 년 전부터 계속 흰색 꽃이 피는 식물로 바꿔 심고 있다. 흰색 꽃들은 주택과 컨져바토리의 흰색 골조와 어우러져 주변을 더욱 우아한 분위기로 만들고 있다.

그리고 넓은 잔디밭을 지나 그라스류의 식물을 주로 이용한 건조지 정원(Dry Garden)이 나오고 장미 아치를 지나면 채소원이 나온다. 이 채소원은 1998년 재정비하면서 반스리 정원에 있는 허수아비를 보고 그와 비슷하게 만들어 세워 놓았다. 미소 짓는 허수아비도 귀엽지만 모자에 꽂은 노란색 꽃이 더욱 앙증맞다.

힐러리에게 허수아비가 제 역할을 다하고 있느냐 물었다. 그녀는 웃으며 잔디를 파헤치는 오소리들이나 넝쿨 콩과 상추를 먹어치우는 야생 토끼들에게는 전혀 효력이 없단다. 그녀는 허수아비한테 별로 큰 기대를 하고 있지는 않는 듯하다.

채소원 옆으로 오래된 우물이 멋스럽다.
100년이 넘은 우물이다. 지금도 채소원에 주는 물은 이곳에서 충당한다. 이제 더 이상 두레박을 이용해서 물을 끌어올리지는 않고 있다. 우물 속에 수중 모터를 넣어 사용한다. 우물 입구는 동물들이 빠지지 않도록 철망을 씌어 놓고 옛 두레박은 장식품으로 올려놓았다. 그리고 울타리 사이에 철문이 있고 그 옆에 '밀레니엄 가든'이란 팻말이 붙었다.

굿리지 부부는 2000년에 초지 부분의 정원을 새로이 확장하면서 기념하는 뜻으로 정원에 이름을 붙였다. 주변의 큰 나무들은 이사 왔을 때 심었던 묘목들이 자라서 이곳으로 옮겨 심을 수 있었다. 정원은 긴 사각형의 연못이 있고 그 가운데 시간의 흐름을 상징하는 해시계를 두었다.

돌아오는 길에 마구간이 있고 큼지막한 퇴비장이 보인다. 마이클은 이 퇴비의 일등 공신은 힐러리의 말이라고 한다. 말 두 마리의 분뇨로 더욱 양질의 퇴비를 만들 수 있단다.

나는 그에게 훌륭한 정원사라고 칭찬하였다. 그는 자신을 지금의 정원사로 만든 사람은 이 정원에서 16년 동안 일했던 정원사 그레엄 씨라고 한다. 그는 그레엄 씨와 함께 일하면서 정원 일을 배웠다. 그레엄 씨는 RHS 위슬리 정원에서 교육을 받은 사람이며 이곳에서 정년퇴직을 하였다. 지금은 정규적인 정원사를 따로 두지 않고 본인이 직접 한다. 단지 전정이나 잡초 제거를 위해 시간당 일하는 정원사가 오고 있다.

나는 마이클에게 정원을 가꾸는 초보자들에게 들려줄 조언을 부탁했다. 그는 첫 번째로 토양을 꼽는다. 이곳은 배수가 잘 안 되는 점질 토양으로 식물이 자라기 어려웠다. 그래서 마사토로 바꾸는 작업을 해야 하였고, 계속해서 충분한 비료를 주어야 하였다.

그리고 두 번째로 정원 디자인에 대해 큰 그림을 갖고 있어야 한다. 정원은 주변 환경에 의해 변하는 경우도 있지만 대부분 주인의 의지에 따라 변하는 것이다. 정원을 어느 방향으로 꾸밀 것인가에 대해 큰 그림을 그리고 그에 따라 조금씩 바꿔 나가야 한다. 혹시 힐러리의 정원 계획이 자주 바뀌었던 것이 아닌지 내심 추측해 본다. 하지만 마이클의 경험에서 나온 진솔한 조언이 값지다.

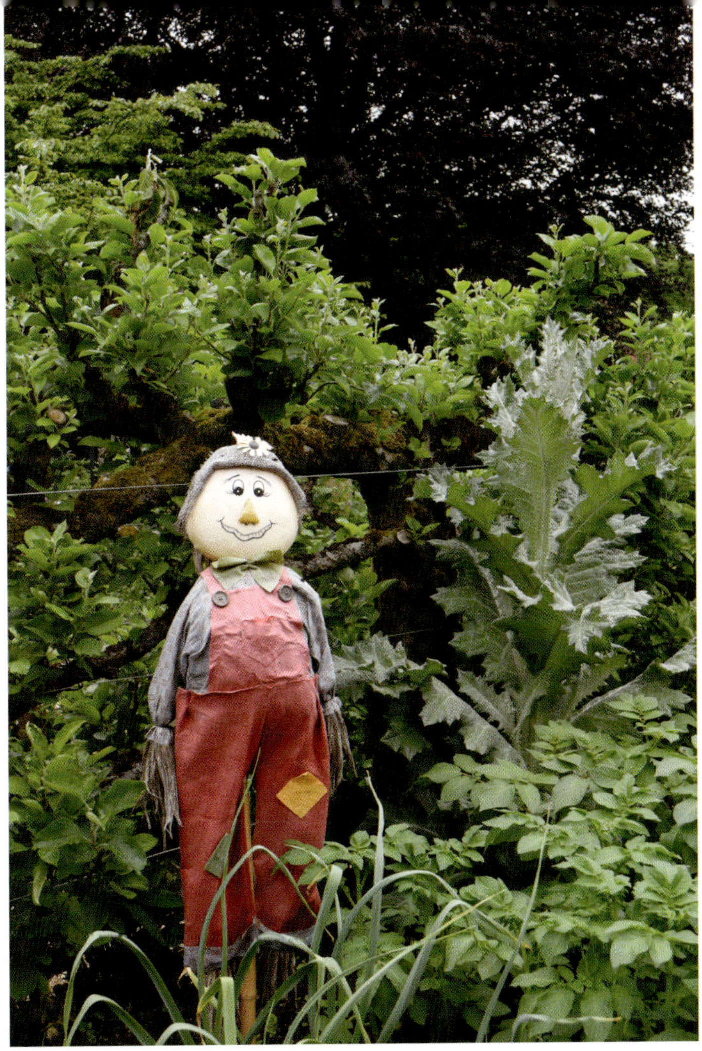

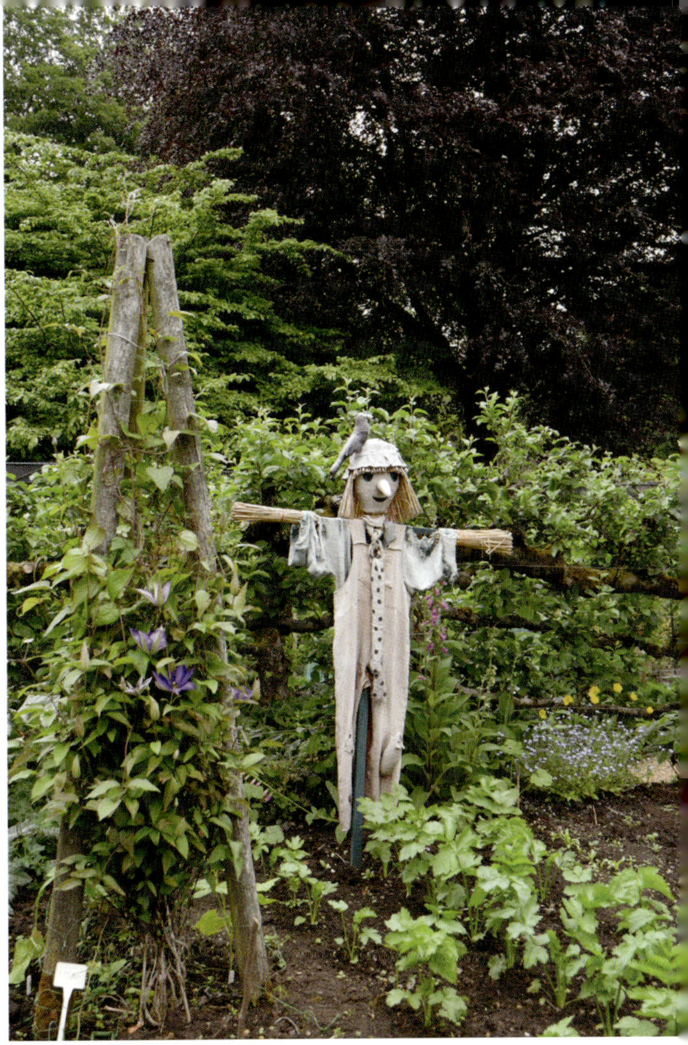

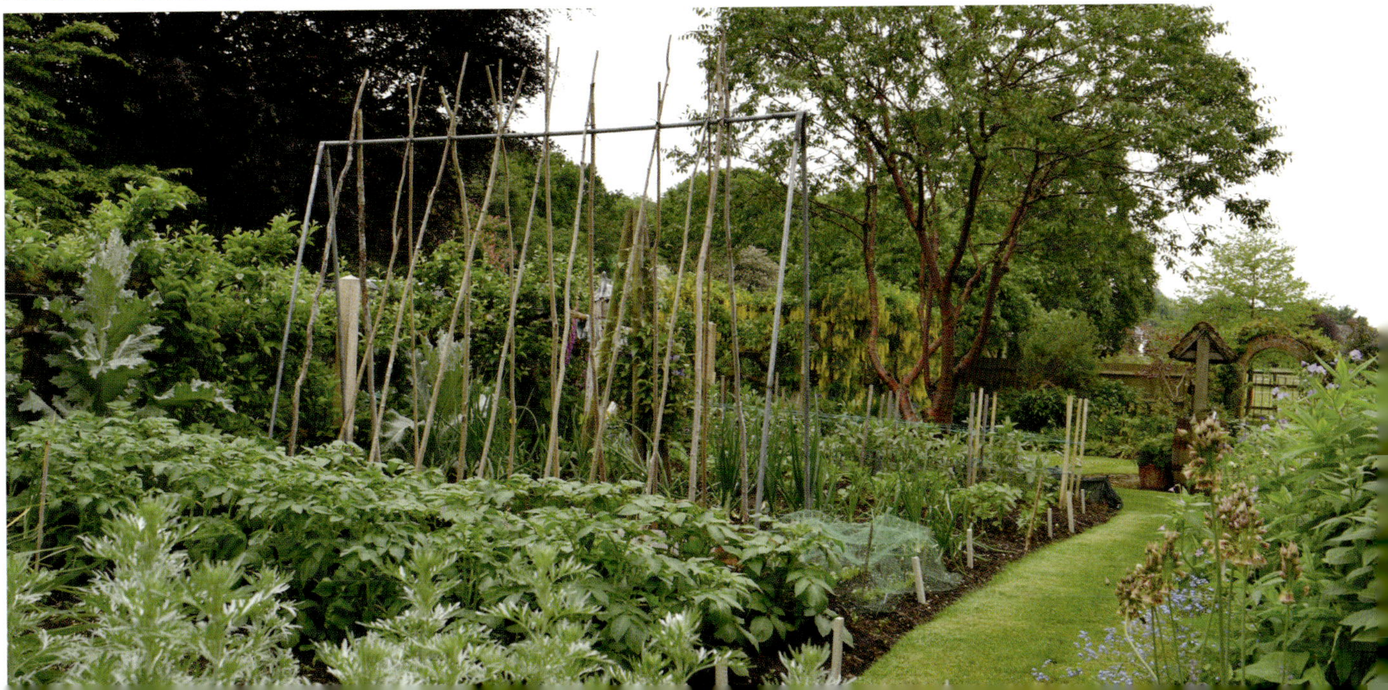

이 정원은 화이트 가든으로 시작해서 초록의 넓은 잔디밭을 지난다. 이끼 낀 우물은 아득한 시간들을 말해 주고 밀레니엄 가든에서 차분하게 내일을 사색할 수 있다. 집으로 돌아오는 길에 보라색의 알리움 꽃이 한창이다. 알리움은 회양목을 배경으로 꽃 색이 더욱 돋보이며 정원을 환한 보라색으로 마무리 짓는다.

굿리지 부부는 NGS의 정원 개방을 일 년에 한 번 한다. 이 정원은 단체로 예약하고 방문하는 사람들이 많다. NGS의 행사로 한 번 방문한 사람들이 계속 이 정원의 변화를 보러 오기 때문이다. 예약하려는 사람들도 기다려야 할 정도라고 한다. 혹시 한국 정원 마니아들이 예약을 하려면 언제쯤이 좋으냐고 물으니, 힐러리는 만약 내가 함께 온다면 멀리서 오니 선택권을 주겠다며 웃는다.

1 밀레니엄 가든으로 들어가는 문이다. 2 동판에 정원 이름을 새겨놓았다. 3 밀레니엄 가든에 연못과 해시계 그리고 의자가 중심축을 이룬다. 4 지금은 사용하지 않는 옛 우물에 화분을 걸어 놓았다. 5 회양목으로 자수화단을 만들고 그 사이에 혼합식재를 하였다. 6 여인은 사계절 지지 않는 장미 장식물을 내려다보고 있다. 7 보라색 알리움이 한창이다.

2.3. 로즈마리 알렉산더의 정원

- Sandhill Cottage -

로즈마리 알렉산더(Rosemary Alexander)의 정원이다.
그녀는 유명한 정원 작가, 교육자 그리고 정원 디자이너이다. 런던에 있는 잉글리시 가드닝 스쿨(The English Gardening School)의 대표이며 그녀가 직접 수업을 하고 있다.

이 정원 학교는 런던의 첼시 지역에 있으며 1983년 개원하여 수많은 학생들을 배출하였다. 수업의 종류는 정기 과정(Diploma Gardening Courses), 단기 과정(Short Gardening Courses) 그리고 온라인 과정이 있다. 정기 과정은 10주의 정원 디자인 과정과 1년의 정원사 과정이 있으며 단기 과정은 실습이나 견학 위주로 다양하다.

로즈마리 알렉산더는 첼시 플라워 쇼의 임원으로 일하고 있기 때문에 런던에 머물고 있었다. 그래서 그녀와의 약속은 그 행사가 끝나는 다음 날 서섹스(Sussex) 주에 있는 그녀의 집에서 만나기로 하였다. 그녀의 집 이름은 쌘드힐 코티지(Sandhill Cottage)이다. 도착하니 개인 주택 치고는 주차장이 널찍하다. 주차를 하려니 그녀가 마중을 나온다. 우리는 이야기를 하면서 자연스럽게 뒷문으로 들어가 부엌에 있는 식탁에 앉았다. 그리고 가져간 내 책을 선물하면서 책 이야기부터 시작되었다.

그녀는 여러 권의 책을 썼으며 그중 한 권인 <The Essential Garden Design Workbook>은 우리나라에도 <정원 설계>로 번역되어 출간되었다. 나는 그녀의 책을 두 권 가지고 있다. 그중에 한권이 길, 포장, 계단 등 정원의 구조물에 대해 쓴 <The Garden Maker's Manual>이다. 이 책은 내가 대학에서 정원 디자인 수업을 할 때 많은 참고가 되었다. 나는 이번에 로즈마리에게 그 고마움을 직접 전할 수 있었다.

이야기를 하면서 그녀는 차와 직접 구웠다는 과자를 내어 놓는다. 옆에 장식품 같은 오래된 오븐이 있어 나는 농담 삼아 이곳에서 구워 나온 것이냐고 물었더니 그렇다고 한다. 그리고 150년 된 주물로 만든 오븐이며 연료는 석유를 이용한다. 이 집에 이사 올 때부터 있었고 계속 사용하고 있단다. 영국에서는 150년 정도 된 물건은 박물관에 가기에는 이른가 보다.

우리는 정원으로 나왔다. 다행히 오늘은 날씨가 화창하다. 정원은 주택을 중심으로 양쪽에 있었다. 우선 식당 앞쪽으로 나오니 판석으로 포장을 한 테라스가 있다. 10인용 식탁이 놓인 것으로 보아 손님이 많이 오는 것을 짐작할 수 있다. 그 앞으로 약간 경사진 잔디밭이 있고 그 너머 낮은 구릉에 초지가 멀리까지 시원스럽게 펼쳐지는 풍광이다.

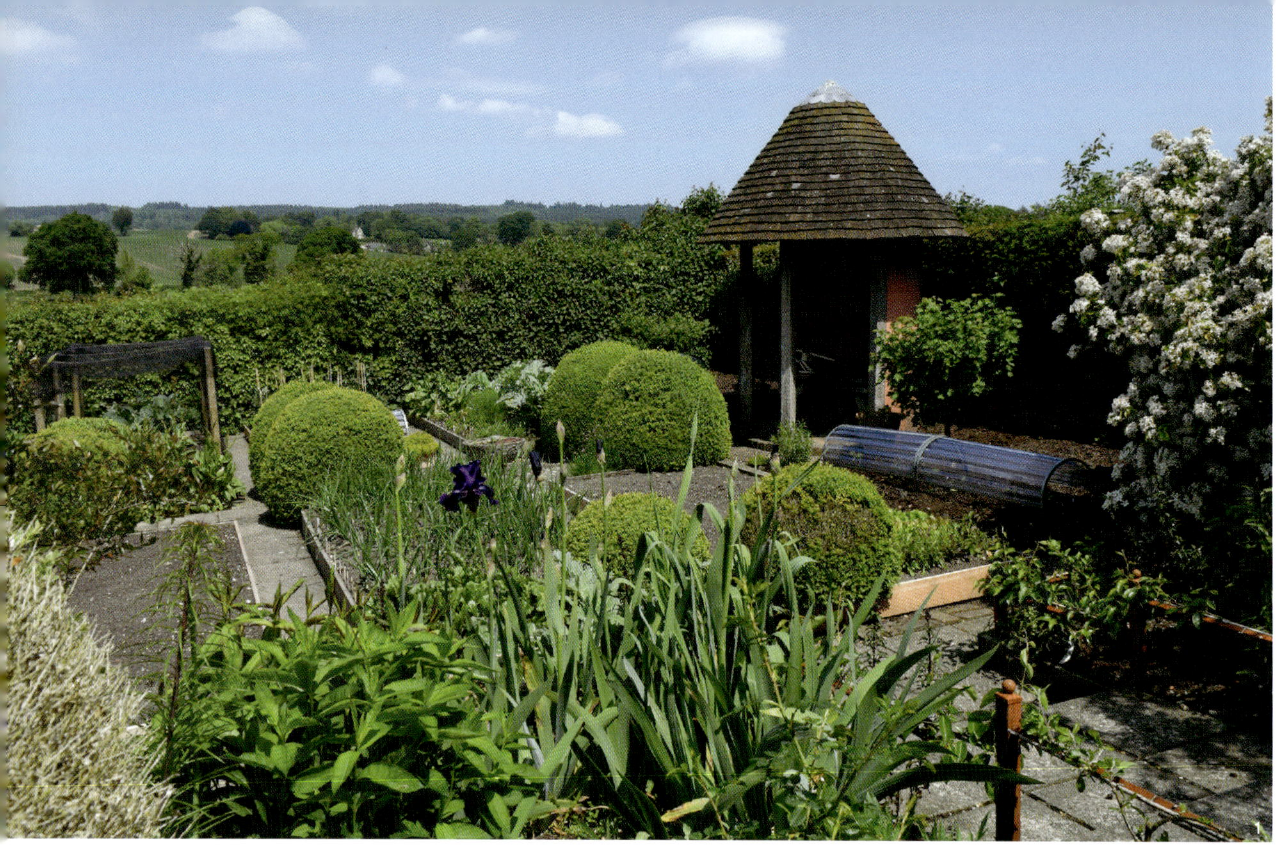

1

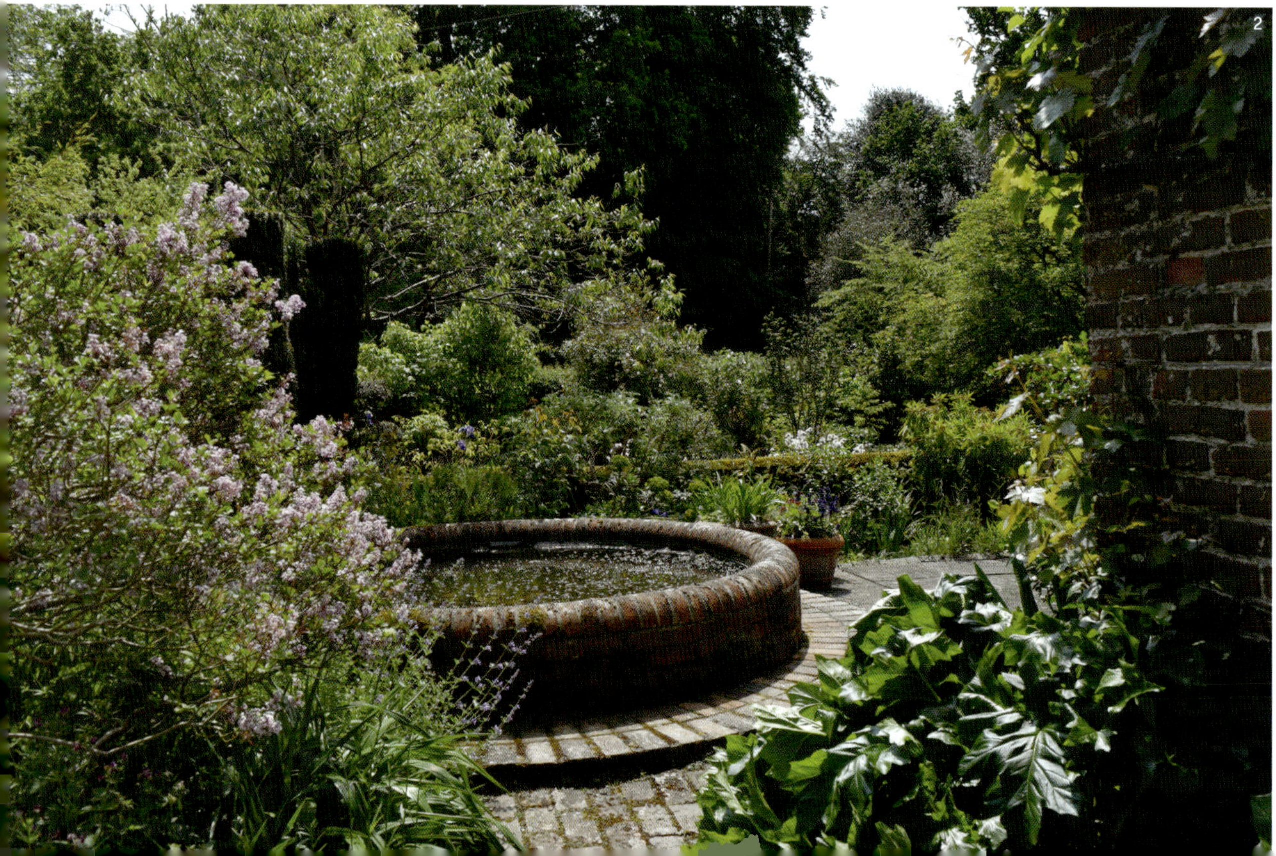

2

잔디밭 옆의 화단은 절화나 혼합 식재를 위한 실습장이다. 그리고 그 화단을 경계로 두고 정갈하게 꾸며진 채소원이 자리한다. 그곳에 붓꽃, 알리움 등을 심어 채소밭을 장식하였다. 그리고 회양목으로 다듬은 둥근 토피어리가 수확이 끝난 쓸쓸한 겨울철 채소원에 초록색 생동감을 줄 수 있을 것이다. 중간에 밭일을 하다 물 한잔을 마시며 쉴 수 있는 곳이 있다. 로즈마리는 이 작은 집을 썸머 하우스(Summer House)라고 불렀다.

주택을 끼고돌아 정문이 있는 앞 쪽의 정원으로 나가니 연못이 먼저 나온다. 연못은 지름 2m 정도의 원형으로 주택의 마감 재료와 같은 붉은 벽돌로 만들었다. 동일한 재료의 선택은 주택과 일체감을 주고 있다. 주변에 있는 등나무는 벽에 붙어서 자라고 있고 포도송이 모양의 큼지막한 보라색 꽃이 입체감을 만든다.

그리고 담 앞에 미스김 라일락이 있다. 나무의 높이는 대략 2m를 넘는 듯하며 나는 이렇게 크게 자란 모습은 처음 보는 것 같다. 미스김 라일락은 1947년 군정 시절 미국의 군정청 소속이었던 식물 채집가 엘윈 미더(Elwin M. Meader)가 도봉산에 있던 작은 라일락의 종자를 채취하여 미국으로 가져긴 것이라 들었디. 그 후로 전 세계에 퍼진 것이 이곳 영국까지 왔으니 식물들의 여행도 만만치 않은 것 같다.

주택 앞쪽의 정원은 한쪽으로 낮아지는 부지이다. 우선 현관 앞으로 넓게 테라스를 두고 판석으로 포장하였다. 주위에 이끼 낀 낮은 돌담은 테라스 공간을 아늑하게 만들고 있다. 테라스에 놓여 있는 묵직한 의자가 민트색이다. 그러고 보니 주택의 창틀도 같은 색이다. 일반적으로 영국에는 붉은 벽돌 건물에 흰색 창틀이 많았는데 민트색을 선택한 이유를 물었다. 그녀는 흰색이 지루했단다. 그리고 의자와 테이블도 같은 색으로 칠하니 훨씬 산뜻해 보이지 않느냐고 나에게 반문한다. 옛 것을 좀처럼 바꾸려 하지 않을 것 같은 영국 사람도 디자이너의 취향은 말릴 수 없나 보다.

1 채소원에 휴식을 위한 썸머 하우스가 있으며 붓꽃은 채소원을 장식한다. 2 연못의 구조체는 주택과 같은 재료인 붉은 벽돌이며 상단은 둥글게 마감하였다. 3 건물과 작은 헛간의 사이 공간을 창고로 사용하고 있으며 그 앞에 키 큰 미스김 라일락이 있다. 4 등나무 줄기를 벽에 고정하여 키운다. 5 테이블과 의자 그리고 주택의 창틀에 같은 색으로 통일감이 있다.

둘째 단은 서너 단의 계단을 내려오면서 대문과 연결된다. 대문은 생울타리 사이에 낮은 문이며 그 위로 생울타리의 아치가 연결되어 있다. 바닥은 잔자갈을 깔아 첫째 단의 포장과 대비를 이룬다. 화단은 경계 없이 자연스럽게 식재하였다. 그리고 큰 덩이의 흰색 붓꽃과 비슷한 부피의 회양목을 반복하여 식재하니 리듬감이 있다. 잔자갈의 자유로운 색감이 그 리듬감과 어울린다.

가장 낮은 곳은 자연스러운 숲의 분위기를 조성하였다. 한쪽에 테두리를 경계석 없이 부정형으로 처리한 작은 연못이 있다. 연못 주변에 다양한 습지 식물이 심어져 있으며 특히 다양한 고사리 종류를 수집하고 있는 듯하다. 로즈마리는 계속 희귀종이라며 <** fern>이라고 여러 종류의 고사리를 설명해 주었지만 식물에 약한 나로서는 고사리라는 소리만 들린다.

주변에 은행나무 한 그루가 서있다. 은행나무는 유럽에서 희귀종으로 취급되고 있는 것으로 알고 있어 그녀에게 어떻게 구하였느냐고 물었다. 로즈마리는 저 나무를 알고 있느냐며 놀란다. 우리나라에서는 가로수로도 심고 있다고 하니 유럽에는 18세기에 들어왔고 런던의 큐 가든에는 1762년에 심은 은행나무가 아직 자라고 있단다. 나는 우리나라에 서원이나 향교 등 교육기관에 은행나무를 많이 심었었다는 이야기를 해주었다. 그녀는 이 정원이 잉글리시 가드닝 스쿨의 학생들에게 실습 및 견학 장소로 이용하고 있으니 잘 어울리는 나무 아니냐며 좋아한다.

1 예쁜 집모양의 새 모이통이다. 2 실내에서 격자창으로 보이는 정원의 모습은 또 다른 맛이 있다. 3 자연스러운 연못이다 4 큰 고사리류가 돌의자를 부드럽게 만든다. 5 현관으로 들어가는 길은 둥근 회양목을 이용하여 정형적으로 꾸몄다. 6 창 앞에 시원스러운 잎새가 창틀에 키를 맞춘다. 7 앞 정원과 뒷 정원 사이에 벽돌로 쌓은 아치가 있어 공간을 분할한다.

나는 전문가에게 예의 없는 짓이 아닌지 모르겠지만, 로즈마리 알렉산더에게 어려운 질문을 하나 하였다. 우리나라는 이제 막 정원 가꾸기가 취미의 하나로 부상되고 있는데 정원 디자인을 어떻게 시작하면 좋으냐고 물었다. 그녀는 정원 디자인이 쉬운 일은 아니지만 나만의 정원을 위해 공부하고 연구하면 불가능한 일은 아니라며 다음과 같이 설명한다.

'정원 디자인을 하기 위해서 우선 계절과 시간에 따른 내 정원을 관찰해야 한다. 이는 내 정원의 기후, 토양 및 햇빛의 정도를 파악하는 것이다. 그리고 마음에 드는 정원의 사진을 찍고 많은 자료를 수집한다. 이는 내 정원을 위한 정원 식물과 시설물을 선택하는데 중요한 자료가 될 수 있다.'

그녀는 더 자세한 것은 잉글리시 가드닝 스쿨에 와서 공부하라며 웃는다. 로즈마리 알렉산더는 정원 디자인을 가르치는 사람답게 간단하고 명쾌하게 설명해 준다. 그리고 초화류의 식재는 하루아침에 완성하기보다는 시간을 두고 내 정원에 맞는 식물을 찾는 것이 중요하다는 조언도 덧붙여 준다.

헤어지기 전, 그녀는 우리에게 이 정원을 찍어서 만든 기념엽서를 선물로 건넨다. 재치 있게 사진사는 얼른 그녀에게 싸인을 부탁한다.

1 자갈 포장에 자연스러운 식재이다. 2 토피어리와 어우러진 의자이다. 3 노란 꽃은 미나리아재비류이다. 4 다양한 잎의 색을 조합하였다. 5 낮은 담은 테라스를 아늑한 분위기로 만든다.

에피소드 1

비싼 입장료를 낸 정원
- 런던의 Sky Garden -

런던에서는 도심의 교통난을 해결하는 한 가지 방안으로 시내로 진입하려는 차량은 혼잡통행료를 내야 한다. 하지만 주말에는 내지 않는다. 그래서 런던 시내에 있는 하늘 정원(Sky Garden)의 방문 계획은 토요일로 잡았다.

이 정원은 런던 시내에서 6번째로 높은 건물인 20 펜쳐치 스트리트(20 Fenchurch Street) 건물에 있다. 이 고층 건물은 2014년 봄에 준공되었고 스카이 가든은 다음 해 1월에 문을 열었다. 재미있는 것은 이 건물의 별명이 워키토키(The Walkie-Talkie)라는 것이다.

건물 외관이 이전에 쓰던 휴대용 무선 송수신기를 닮아서 붙여졌단다. 게다가 런던의 역사지구에 위치하니 마치 런던의 옛날이야기를 현대로 송신하고 있는 듯하다.

정원은 35층에서 37층까지 이르는 높이 3개 층 이상의 대형 온실이다. 그 안에 경사면을 두어 아래쪽 공간은 건축공간으로 사용하고 경사면 위쪽 공간에 정원을 조성하였다. 정원 공간은 벽면과 천장이 유리로 덮여 있고 경사면에 식재를 하여 커다란 화단으로 조성하였다. 공간 규모에 비해 수목들이 왜소해 보이지만 이들은 10년, 20년 앞을 보고

에피소드 1

작은 나무를 심는다고 하니 나도 식물들의 크기는 20년 뒤를 상상해 본다. 런던에서 가장 높은 곳에 있는 온실이며 공공 정원이다.

사실 나에게는 <Garden>이 관심사이지만, 다른 사람들한테는 <Sky>가 중요하다.
이 건물은 외관이나 정원뿐만 아니라 35층에 있는 카페와 전망대가 더 유명하다. 전망대는 35층의 긴 남쪽 면을 데크로 연장하여 밖으로 나갈 수 있다. 그곳에서 테임즈 강이 거의 발아래 있고 런던 시내가 펼쳐진다. 오늘은 흐린 날씨로 멀리까지 보이지는 않는다. 그리고 36층과 37층에 고급 식당이 있다. 식당 건물은 마치 경사면에 박스를 찔러 넣은 듯 허공에 띄워 드라마틱한 모습이다.

이 전망대까지 올라오는 것은 무료이지만 입장 인원을 제한하기 때문에 미리 예약을 해야 한다. 하지만 2달 전에 이미 내가 원하는 날짜의 예약이 끝났다. 그러니 하늘 정원을 보려면 이곳의 고급 식당에서 식사를 해야 할 수밖에 없었다. 이번 영국 여정에서 가장 비싼 입장료를 낸 정원이 된 셈이다.

2. 4. 헤드 가드너가 꾸미는 정원
- Gardener's Cottage -

오전에 RHS의 파트너 정원인 웨스트 딘 정원(West Dean Garden)을 둘러보고 이곳의 책임 정원사인 짐 버크랜드(Jim Buckland)의 정원을 방문하려 한다. 오늘이 그의 정원을 NGS 기부행사로 일반인에게 개방하는 날이다.

웨스트 딘 정원에는 웨스트 딘 전문대학교(West Dean College)가 있다. 이 대학은 시인이자 평생 예술가들을 후원한 에드워드 제임스(Edward James; 1907-1984)가 설립하였다. 그는 1964년 25.7 ㎢의 넓은 토지와 주택을 예술가들의 교육을 위하여 에드워드 제임스 재단(Edward James Foundation)을 만들고 1971년 웨스트 딘 전문대학교를 만들었다.

이 학교에는 역사 보존, 미술, 공예, 문학창작, 정원 그리고 음악에 대한 정규과정이 있으며 이에 연관되는 70여 개의 단기과정과 그에 따른 실습과정이 있다. 즉, 정규 교육뿐 아니라 일반인들을 위한 역사와 예술에 대한 인문학 강의가 폭넓게 운영되고 있다. 또한 이 학교의 캠퍼스인 웨스트 딘 정원은 역사 정원으로 등록되어 있는 곳이다. 1890년에서 1900년 사이에 지어진 13개의 빅토리아풍의 온실과 91m의 에드워디언 퍼걸러(Edwardian Pergola)가 역사적 가치를 인정받았다. 영국의 역사 정원은 1983년 문화유산법이 제정되면서 특별한 역사적 가치를 가진 정원이나 공원을 국가에서 보전하고 관리하기 위한 등록문화재이다.

1 끝이 거의 보이지 않는 91m의 에드워디언 퍼걸러 사이에 긴 직사각형의 연못이 있고 그 위에 오래된 등나무가 덮고 있다. 2 시원스러운 잔디밭 위에 담쟁이가 벽을 타고 자라고 있는 웨스트 딘 대학 본관 건물이다. 3 짐 버크랜드와 사라 와인이 관리하고 있는 실습원은 깔끔하게 정돈된 것뿐만 아니라 디자인도 훌륭하다.

정원으로 들어오니 시원스럽게 펼쳐진 구릉에 멀리 양들이 드문드문 흰 점으로 보인다. 이 정원은 책임 정원사인 짐 버크랜드와 그의 아내 사라 와인(Sarah Wain)이 관리하고 있다. 짐은 큐 가든(Kew Garden)에서 전문과정(Diploma)을 마치고 이곳에서 25년 동안 책임 정원사로 일하고 있다. 그리고 현재 이 학교에서 전정이나 식재 등 정원사를 위한 이론 및 실습 과목을 강의하고 있다. 그가 관리하고 있는 실습원은 과수원, 화훼원, 온실, 채소원으로 아름답게 정리되어 있다. 짐과 사라의 정성과 열정이 한눈에 보이는 듯하다. 이곳의 온실에는 희귀식물, 난, 다양한 과실이 실험 재배되고 있다. 온실의 난방은 우드칩을 사용하는 보일러로 가동하고 있으며 이는 인근의 숲에서 조달하고 있다.

웨스트 딘 정원을 둘러보고 점심은 정원 입구에 있는 식당에서 재킷 포테이토(Jacket Potato)를 먹었다. 이것은 내가 영국에 올 때마다 즐겨 먹는 점심 메뉴이다. 이탈리아에서 밀전병에 이것저것 올려 피자를 만들 듯이 구운 감자 가운데 치즈, 햄, 새우, 콩 등 다양하게 끼워 먹는 것이다. 나는 오븐에서 갓 나온 감자의 열기에 치즈가 살짝 녹아 내린 것을 좋아한다.

점심 후, 학교와 골목 하나를 끼고 접해있는 짐 버크랜드의 집으로 갔다. 2,000㎡ 정도의 크지 않은 주택이다. 입장료는 3.5 파운드이며 집 앞 도로에 작은 테이블을 놓고 받고 있다. 목재로 만든 대문은 코티지 가든의 전형적인 모습으로 작고 높이도 나지막하다. 입구부터 식물로 가득 차 있어 안쪽의 집과 정원이 거의 보이지 않을 정도이다.

짐을 만나 인터뷰를 하였다. 유쾌한 성격에 활달하고 재미있는 정원사이다. 정원사가 된 것은 어머니가 Keen Gardener이셨고, 외할아버지도 가드너 이셨다 한다. 나는 'Keen Gardener'라는 뜻을 몰라 되물으니, 그는 웃으며 '열정적인 정원사'라고 설명한다. 짐은 나의 어눌한 영어에 내가 이해했는지를 살피면서 쉽고 자세하게 설명해 준다. 역시 그는 선생님이다.

나는 짐에게 한국의 초보 정원사들에게 정원 가꾸기에 대한 조언을 부탁했다. 그는 서슴지 않고 내 정원에 들여올 식물은 내정원의 기후와 토양에 맞는 식물을 찾아야 한단다. 가장 쉬운 방법은 옆집 정원을 넘겨다보라고 한다. 그곳에 어떤 정원수가 잘 자라는지 유심히 관찰하는 것이 내 토양에 맞는 식물을 찾는 길이라고 한다.

짐은 17년 전부터 이 행사에 동참하였단다. 그는 오픈 가든 덕분에 정원을 정리 정돈하게 되는 것 같다고 한다. 보여줘야 한다는 생각이 부지런한 정원사를 만들기도 하는 듯하다. 입장객은 하루에 300명 정도이며 주로 50~60km 반경에 사는 정원 마니아들이라고 한다. 짐은 나랑 인터뷰를 하면서 연신 방문자 중에 아는 사람들이 있는 듯 손을 들어 인사를 한다. 정원을 일반인들에게 개방하는 날이라 지인들도 많이 온 것 같다. 더 이상 짐의 시간을 독차지할 수 없어 인터뷰를 서둘러 끝냈다.

인터뷰가 끝나자 짐은 헤어지면서 나에게 '내 정원을 즐기라!'라며 자리를 떠난다. 나는 정원을 구경하러 왔는데, 즐기라는 표현이 신선하다. 그리고 그의 정원을 둘러보니, 많은 사람들이 정원을 즐기고 있었다. 넓지 않은 정원인데 군데군데 의자와 테이블이 있고 둘 또는 서너 명이 테이블에 앉아 이야기도 하고 차를 마시며 정원을 느긋하니 바라보고 있다. 방문객들은 이곳에 정원을 어떻게 꾸몄나? 무슨 식물을 심었나? 만을 관찰하러 오는 것이 아니었다. 이수는 사람이 많아 사진 찍기가 조금 어려웠으나 대신 나는 그들의 '정원 즐기기'를 볼 수 있었다.

그의 정원은 주택을 중심으로 앞쪽에 원형의 잔디밭이 있고 옆쪽으로 연못이 있다. 작은 정원을 적절한 공간 분할로 여유 있게 이용한다. 원형의 잔디밭 가운데 오래된 조형물이 있어 전체적인 분위기를 오래된 정원으로 만든다. 잔디밭과 담 사이에 넓지 않은 화단이 조성되어 있다. 그 화단 안에 좁은 길이 있고 그 길은 한 사람이 겨우 지나갈 수 있는 폭이다. 양쪽으로 숙근초, 관목, 교목이 어우러져 숲길의 분위기를 만들었다. 그리고 구석구석 앉을 수 있는 장소가 있다. 그곳은 작지만 풍성한 식재로 아늑한 맛이 있다.

건물 오른쪽으로 여러 줄기로 크게 자란 주목이 있다. 연못이 있는 다음 정원으로 들어가는 상징적인 게이트 역할을 하고 있다. 그 안에는 원형 연못이 있고 깔끔하게 포장되어 또 다른 분위기의 정원이다. 원형 연못의 수면은 포장 면과 같은 높이라 편안한 느낌이다. 수면에는 수련과 노란 꽃창포가 적절한 크기로 배치되었다.

1 다간형의 큰 주목 아래 의자와 테이블을 놓은 테라스가 있다. 2 방문객들은 자유롭게 잔디밭을 거닌다. 3 차를 마시며 정원을 즐기고 있다. 4 포장 레벨과 같은 연못의 높이는 시선이 편안하게 수면에 닿는다.

연못의 원은 일부가 잘린 듯 벽으로 이어져 올라 아치를 만든다. 그 부분에 거울을 붙여 연못의 수면이 비치게 하였다. 즉, 작은 수면을 좀 더 넓게 보이게 하고 그 안쪽에서 물이 흐르는 듯한 착시를 이용한 것이다. 그리고 아치 위에 '아콰 비타이(Aqua Vitae)'라는 글을 새겨 놓았다. 라틴어로 '생명수'라는 뜻이다. 가끔은 이런 단어의 뜻이 이미지를 만들어 무언가를 연상할 수 있게 만든다.

연못 옆으로 독립된 작은 공간은 차를 마시기 좋은 아늑한 다원(茶園)이다. 한 단을 높이면서 낮은 벽으로 공간을 분리하였다. 이 벽을 따라 긴 나무판을 붙여 의자로 사용하니 좁은 공간을 활용할 수 있다. 반대편 벽에 선반을 설치하여 포트에 심은 묘목들을 전시하고 판매하기도 한다.

다원을 지나면 주택 뒤편에 차고가 있다. 이곳을 차와 케이크를 파는 임시 판매대로 이용하고 있다. 맞은편 주택의 부엌에서 도우미들이 연신 케이크를 자르고 커피를 끓이고 있다. 안에서 들리는 그들의 왁자지껄한 수다가 유쾌하다. 우리도 커피 1.5파운드에 케이크 2파운드를 지불하고 그의 정원에서 휴식을 취하였다.

차고 벽에 안내판이 있다. 차와 케이크를 판돈은 키밀릴리 재단(The Kimilili Trust)에 기부한다고 적혀 있다. 이 재단은 웨스트 서쎅스 지역주민들이 케냐에 있는 키밀릴리 지역의 어린이들을 돕는 민간 단체이다. 오픈 가든을 하면서 입장료는 NGS에 기부하고 차와 케이크를 판돈은 이 재단에 기부한다. 이들의 기부문화는 누구나 언제든지 작은 돈으로 쉽게 할 수 있어서 좋다. 그러면 나도 케냐 어린이들을 위한 기부 행사에 동참한 셈인가? 나는 오늘 정원도 즐기고 기부 문화도 즐긴 것 같아 왠지 흐뭇한 마음으로 이 정원을 나온다.

헤드 가드너가 꾸미는 정원 | 59

2.5. 가족 경영을 하는 웨딩 하우스
- Upwaltham Barns -

가는 길이 막힌다. 약속 시간에 늦을 것 같아 전화를 하였다. 정원 주인은 걱정하지 말고 천천히 오라고 한다. 자신은 집에 있으니 오늘 중에만 도착하면 된다며 농담을 건넨다. 그녀의 농담에 훨씬 마음이 가벼워진다.

업월트햄(Upwaltham)은 계곡에 있는 아주 작은 시골 마을이다. 이 주택의 이름은 'Upwaltham Barns'이며 'Barn'이라면 옛날에 헛간이나 창고로 쓰던 건물이었을 텐데 첫인상이 전혀 다른 이미지이다. 건물의 외장 재료는 검은색의 나무 판재로 단순하고 무게감이 있다. 그 가운데 높고 넓은 통로를 두어 시원스럽게 안으로 들어간다. 전체적으로 단아하고 모던한 분위기이다.

주인 수 컬시(Sue Kearsey)는 연세가 좀 있어 보이지만, 마른 체격에 경쾌한 성격이다. 독특한 모습의 건물 이야기부터 시작하니 이 건물들은 웨딩 홀, 이벤트 홀 그리고 신혼부부를 위한 숙소가 있는 결혼식장으로 사용하고 있단다.

1

2

컬시 부부는 1986년 16세기 농가주택을 구입하여 이곳으로 이사 왔다. 북쪽과 남쪽이 구릉으로 되어 있는 분지형의 토지이다. 그리고 12년 전부터 이곳에서 결혼식장을 경영하고 있다. 이 사업은 막내딸이 대학시절 여행경비를 마련하기 위해 농원에서 커피와 케이크를 팔고 싶다고 해서 허락해 주었더니 때마침 손님 중에 여기서 결혼식을 하고 싶다는 사람이 있어 우연히 시작하게 되었다고 한다.

지금은 온 식구가 웨딩 사업에 참여하는 가족 경영을 하고 있다. 내일 결혼식 예약이 있어 모두들 바쁘게 움직이고 있다. 큰 딸은 피로연 음식 준비, 작은 딸은 꽃 장식, 작은 아들은 지금 결혼식장의 마룻바닥을 손보고 있다. 그리고 맏아들 니콜라우스가 총괄 기획과 홍보를 맞고 있다. 4명의 자녀가 모두 결혼하여 이곳에서 함께 살고 있으며 손주가 9명이다. 컬시 부부까지 합하면 19명의 대식구이다.

결혼식장은 'ㅁ'자 모양으로 서 너 개의 건물이 연결되어 있다. 그 가운데는 중정으로 비어있어 축하객들이 야외 공간을 넉넉하게 이용할 수 있다. 그리고 가족들이 사는 주택과 정원은 뒤쪽으로 조금 떨어져 있다. 즉 창고와 마구간은 웨딩 하우스로 만들고 그 옆의 농가 주택에서 대가족이 살고 있다.

정원은 웨딩 하우스 반대편에 있다. 즉 가족들이 사는 농가 주택의 앞쪽이며 구릉의 초지를 배경으로 펼쳐져 있다. 이곳으로 이사 올 당시에는 대부분이 채소원으로 사용되던 곳을 컬시 부부는 차츰 정원으로 바꾸어가고 있다. 정원은 담으로 둘러싸여 있어 독립된 분위기이다.

담의 재료가 독특하다. 담에 박힌 돌이 투명한 것, 불투명한 것 그리고 다양한 색을 띠고 있다. 플린트(Flint)라는 독특한 돌이다. 이 돌은 우리나라의 차돌처럼 단단하고 조직이 치밀한 석영질로 되어있다. 돌이나 쇠에 대고 치면 불꽃이 생겨 부싯돌로도 사용하였다 한다.

1 연못 주위의 넉넉한 판석은 또 하나의 디자인 요소이다. 2 담 너머 빨간 지붕의 작은 성당은 동화 속 마을을 상상하게 한다. 3 붓꽃, 의자, 담 그리고 줄장미가 작은 마당을 에워싸고 있다. 4 플린트 석의 거친 표면에 줄장미가 어울린다. 5 새들을 위한 물통이다.

정원을 둘러싼 벽은 19세기 초 나폴레옹 전쟁 때 포츠머스(Portsmouth)에 있던 프랑스인 전쟁 포로들이 쌓은 것이라 한다. 그 당시 인근 농장주들에게 그들의 숙식을 제공해 주는 대신 노역을 시킬 수 있게 하였단다. 남편 로저 컬시 씨는 담의 역사에 대해 이야기하며 무척 자랑스러운 눈치이다. 역사적으로 백년전쟁부터 시작해서 그 이후 크고 작은 전쟁이 끊이지 않았던 두 나라의 미묘한 감정이 보이는 듯하다.

정원은 3단으로 되어 있다.
첫째 단은 주택 주위에 회양목으로 경계를 두른 자수화단과 그 안에 다양한 계절의 꽃들을 심은 화단으로 조성되었다. 건물과 담 모퉁이에 있는 퍼걸러는 포도덩굴이 그늘을 만들고 있다. 화단 사이에 놓여있는 의자와 테이블은 따뜻한 햇볕 아래 꽃들을 가까이서 즐길 수 있다. 바닥 포장은 넓은 석회암 판석과 붉은 벽돌로 문양을 넣었다. 마름모꼴의 문양은 둘째 단의 정원으로 시선을 향하게 하고 있다.

둘째 단은 서어나무 길이 있는 정원이다. 16주의 오래된 서어나무가 두 줄로 식재되어 회랑을 만들고 있다. 회랑 쪽으로 퍼지는 나무의 무성한 잎은 강하게 수직으로 전정하여 하늘을 볼 수 있게 하였다. 일종의 토피어리이다. 그리고 그 사이의 길은 작은 자갈로 포장하여 그 위를 걸으면 자그락자그락 소리가 난다. 그 길에서 양쪽으로 좁은 길이 있고 긴 사각형의 반듯한 잔디밭이 담까지 깔린다. 주변의 광활한 초지와 멀리 보이는 작은 성당이 어우러져 중세의 수도원 정원의 분위기를 만들고 있다.

자갈 포장 끝에서 3단을 오르면 석회암의 원형 수반이 있다. 수반에서 떨어지는 물은 수면 위에서 또 다른 원을 만든다. 그 뒤로 주목 생울타리는 진한 초록색으로 베이지색 분수대의 배경이 되고 있다. 여기까지가 두 번째 정원이다. 그리고 생울타리 사이에 낮은 철문이 있다. 작은 문으로 공간을 나누니 또 다른 정원이 기대된다.

1 첫째 단에 있는 혼합 화단의 전경이다. 2 담 모퉁이에 넓은 포도 잎으로 그늘을 만드는 퍼걸러이다. 3 정원으로 들어가는 입구에 붉은 인동이 아치를 그린다. 4 서어나무로 토피어리를 만들고 완전히 좌우 대칭인 정형식 정원이다. 5 원형 수반의 수면에 물이 떨어져 또 다른 원을 그리고 있다. 6 주택과 어우러진 정원의 모습이다.

셋째 단은 최근에 조성하고 있는 정원이다. 낮지 않은 담으로 둘러싸여 있지만 적절한 교목과 관목의 배치로 위요된 느낌은 아니다. 전체는 잔디로 덮여있고 가운데 긴 직사각형의 연못이 있다. 분수대와 달리 연못은 잔디 면과 수평이며 수면 또한 같은 높이로 펼쳐 놓았다. 잔잔하고 평온한 분위기의 정원이다.

수는 자신이 정원을 직접 디자인하고 있고 아직 미완성이라고 말하지만 나는 이대로도 충분히 좋다. 특히 자작나무 흰 수피와 긴 드레스 자락을 들어 올린 여인의 하얀 조각이 정원을 부드럽고 편안하게 만든다. 정원의 한 귀퉁이에 담을 이용해 오각형의 썸머 하우스 (Summer House)가 있다. 그 안에 쿠션을 올려놓은 편안하고 넉넉한 의자가 있다. 잠시 앉아서 나도 정원을 즐겨 보았다.

그리고 담 너머 야트막한 언덕 위에 작은 성당이 초원에 홀로 서있다. 아무런 치장 없이 단아한 모습이 인상적이다. 이 성당은 12세기에 지어진 성 마리아 성당(St Mary's Church)이다. 이곳은 평일엔 비어있고 일요일에만 미사를 위해 건너 마을의 신부님이 이곳으로 오신다 한다. 한적한 작은 마을에 작은 성당이 무척 평화로워 보인다. 컬시 부부는 오픈 가든 행사로 모금한 기부금을 75%는 NGS에 기부하고 나머지 25%는 이 성당에 기부한다고 한다.

돌아오는 길에 집 앞에 있는 작은 정원이 아담하다. 울타리 부분에 수수꽃다리도 정겹다. 그런데 야외 테이블에 모종들이 어수선하다. 누군가 모종판에 있는 모종을 포트에 옮겨 담는 중인 것 같다. 수는 유심히 보는 나에게 정돈이 안 되어 있어 미안하단다. 그리고 초등학생인 손녀가 모종을 포트에 옮겨 심고 있단다. 손녀는 학교 행사에서 모종을 팔아 동아리 기금을 만든단다. 정원의 나라 영국에서는 초등학교 행사에서도 꽃모종이 잘 팔리나 보다.

수는 갑자기 나에게 보여 줄 것이 있다며 집으로 들어간다. 그리고 그녀가 들고 나온 것은 작은 모종삽이다. 그녀는 NGS의 기부 행사에 12년째 참여하고 있다. 이 모종삽은 재작년에 10년 기념으로 NGS로부터 받은 감사의 선물이란다. 그 모종삽을 자랑하는 그녀의 얼굴에 기부문화가 만들어 내는 행복한 미소가 가득하다. 그리고 그 미소는 학교에서 꽃모종을 팔아 뿌듯해 하는 손녀의 미소랑 다르지 않을 것 같다.

1,2 정원 곳곳에 있는 편안한 의자에는 쿠션도 놓여 있다. 3 창살 사이로 연 보라색 꿩의다리 꽃이 큰 키로 올라왔다. 4 늘씬한 여인의 조각상이 서어나무 토피어리의 수직적 요소를 강조한다. 5 오픈 가든 10년 기념으로 NGS에서 감사의 표시로 받은 모종삽이다. 6 채소원 너머로 시원스럽게 구릉이 펼쳐지고 멀리 나무들이 완만한 곡선을 만든다. 7 손녀의 물뿌리개인 듯하다. 8 손녀가 모종 작업을 하고 있는 포트들이 멀리 테이블 위에 보인다.

2.6. 뒤뜰에 프리뮬러가 가득한 정원

- Copyhold Hollow -

이 정원은 미리 주인과 인터뷰 약속을 한 곳이 아니다. 나의 영국 방문 기간에 오픈 가든을 하는 곳이었다. 개방 시간은 12시부터 3시까지로 정해져 있다.

우리는 1시 10분쯤 이곳에 도착하였다. 도로를 따라 울타리가 쳐져 있고 도로 폭은 2차선이 겨우 되는 길가에 있는 집이다. 도로를 향해 있는 창고 앞에 승용차 두 대가

68 | 뒤뜰에 프리뮬러가 가득한 정원

이미 주차되어 있고 차들은 길가에 병렬로 세워졌다. 그러니 도로는 거의 1차선 도로가 되어 혼잡하다. 우리는 100미터쯤 떨어진 곳에 주차해야 하였다.

나는 대부분 정원 주인과 따로 약속을 하고 방문하니 이런 불편은 없었다. 하지만 하루에 백 명 이상의 방문객이 3시간 내지 6시간 동안에 개인 정원을 찾아오니 주차 공간이 부족해 어려움이 있는 곳이 많다고 한다. 그래서 이웃 사람들의 반대로 정원 개방을 포기해야 하는 집도 있다고 한다.

주택은 16세기에 지어진 영국의 전형적인 코티지이다. 부지는 계곡에 산 사면을 끼고 있으며 정원을 포함해 전체 면적은 8,000㎡ 정도이다. 지금은 아침과 숙박을 제공하는 B&B(Bed & Breakfast)를 운영하고 있으며 지방 숙박 협회로부터 별 4개를 인정받고 있다.

코티지(Cottage)는 우리나라에서 오두막이라고 번역되지만 오두막은 한글 사전에 '사람이 겨우 들어가 살 정도로 작게 지은 막. 또는 작고 초라한 집.'이라고 하니 영국의 코티지 하고는 조금 차이가 있는 것 같다. 게다가 요즘에는 외딴곳의 멋진 현대식 별장도 코티지라고 부르기도 한다.

정원은 영국의 대표적인 정원 양식의 하나인 코티지 가든(Cottage Garden)이다. 정원에는 자갈로 깔려있는 통로를 제외하고 채소밭, 허브밭 그리고 자연스럽게 혼합 식재한 화단이 어우러져 있다.

코티지 양식의 주택은 낮은 산과 도로 사이에 있다. 뒤로 산이 있어 숲을 이루며 넉넉한 계곡이 있어 그곳에 주택이 자리 잡았다. 계곡 사이에 흐르는 작은 개울은 집 주위를 에워싸며 흐르고 그 위에 목재로 만든 다리를 놓았다. 다리 위에 아치 구조물을 설치해 줄장미를 올렸다. 줄장미는 다리 위에서 장미 터널을 만들고 이를 통해서 정원으로 들어간다. 정원은 주택 측면에 접하고 있다. 개울은 경계를 만들어 정원을 아늑하게 감싸준다. 개울가에 붉은색 프리뮬러가 그늘 아래서 화사하다.

1 길가에서 보이는 오픈 가든 행사를 알리는 NGS 팻말과 소박한 B&B 간판이 있고 팔려고 내어 놓은 비비추, 프리뮬러, 고사리 등 포트에 담겨 있는 모종이 보인다. 2 실내에서 창문을 통해 볼 수 있는 정원수는 또 다른 느낌이다. 3 푸른색 작은 꽃의 물망초가 현관으로 가는 길을 풍성하게 장식하고 있다.

우선 정원 주인을 찾아야 한다. 보통 NGS의 오픈 가든을 하는 곳에서는 대문 앞에 작은 테이블을 놓고 입장료를 받고 있었는데 이곳은 대문이 보이지 않았다. 방문객이 많아 정원 주인을 구분하기 어려웠지만 행주치마를 두르고 유난히 바삐 움직이는 사람이 있다. 아마 저분이 주인일 것이다.

우선 나는 주인인 프란세스 드루스(Frances Druce)에게 가서 4파운드의 입장료를 냈다. 그녀는 조금 놀라며 어디서 왔냐고 묻는다. 한국에서 왔다고 하니 깜짝 놀란다. 그리고 한국에도 정원을 가꾸는 사람이 많은지? 어떤 정원이 있는지? 질문이 끝이 없다. 사실 질문은 내가 하고 싶은데 난 대답만 하다가 다른 방문객이 부르는 바람에 그녀는 떠나갔다.

이 정원은 다양한 프리뮬러(Primula)를 키우고 있는 것으로 유명하다. 프리뮬러는 영국인들의 많은 사랑을 받는 코티지 정원의 대표적인 초본식물이다. 우리나라의 큰앵초와 비슷한 종류이다. 큰앵초, 앵초 및 설앵초는 모두 앵초속에 속하고 속명이 프리뮬러(Primula)이다. 이는 'first'를 의미하는 라틴어인 'primus'에서 유래한다. 허브식물로 뿌리를 이용해 가래를 삭여주고 염증을 없애 주는 약재로도 유용하다. 어린순은 나물로도 먹는다.

프리뮬러는 그늘에서 오히려 꽃이 선명하게 잘 피고 배수가 잘 되는 토양을 좋아한다. 이 정원에는 다양한 꽃 색의 프리뮬러를 모두 볼 수 있다. 그리고 드루스 여사는 특히 이 식물을 재배하여 모종을 팔고 있다.

산 쪽으로 침목을 이용하여 계단을 만들어 전망대로 오를 수 있다. 계단 옆으로 비탈진 경사면에 화단을 조성하였다. 그곳에 다양한 꽃 색의 프리뮬러가 피어 있다. 오르막길이라 화단에 피어 있는 꽃들이 눈높이에 있어 아주 가깝게 볼 수 있다. 굵은 모래와 드문드문 바위를 놓으니 바위 정원(Rock garden)이라 불러도 되겠다. 게다가 그늘지고 습하여 돌과 나무둥지에 이끼가 끼어 있어 더욱 어우러진다. 그리고 그늘지고 경사지라서 물 빠짐이 좋으니 프리뮬러에게도 최적의 식재지이다.

1 전망대로 올라가는 길에 침목으로 넉넉한 계단을 만들었다. 2 이끼 낀 돌들이 바위 정원을 연출하고 안정적인 경사면을 유지한다. 3 통나무 둥치가 오래된 분위기를 만들고 있다. 4 노란 꽃이 핀 프리뮬러이다. 5 단풍나무 아래 개울을 따라 흰색, 분홍색, 붉은색의 프리뮬러를 혼합 식재하였다.

좀 더 올라가니 두 그루의 큰 참나무 사이에 목재 데크를 깔아 전망대를 만들었다. 전망대에 오르니 저 멀리 들판이 보인다. 손에 잡힐 듯이 낮게 드리운 나무 잎새는 마치 액자의 프레임처럼 틀을 만들고 그 틀 안에 코티지 하우스와 정원 그리고 멀리 보이는 들판이 들어있다. 영국의 대표적인 전원 풍경을 담은 한 폭의 풍경화가 된다. 5월의 들판은 부드러운 연두색이다. 그리고 다음 달에 좀 더 진하고 거칠어 질 것이다. 자연 속 풍경화에서는 시간과 계절이 흘러가고 그 색상과 질감이 변하여 또 다른 매력을 가지고 있다.

내려오는 경사로 옆에는 침목으로 단을 만들어 채소밭을 만들었다. 깔끔하게 단장한 채소원은 아니지만 수수하고 소박하다. 이곳에서 자란 채소는 B&B 손님들의 아침 식사에 신선한 야채샐러드로 제공되리라. 지난 주말에 손님이 많았는지 밭이 훤하다. 그 옆에 유리로 만든 다각형의 온실이 있다. 온실 안에는 모판에서 자라는 어린 모종부터 포트에 담긴 조금 큰 것까지 다양한 크기의 프리뮬러가 가득하다.

정원을 다 둘러보고 내려와 코티지 앞에 있는 야외 테이블에 앉았다. 아까보다 방문객들이 많이 빠져 나간 듯하다. 나는 드루스에게 커피 한 잔을 부탁하였다. 의자와 테이블은 가는 통나무를 엮어 만든 것이다. 그 투박함이 이곳과 잘 어울린다. 아직 3시 인데 정원에 산 그림자가 길게 드리운다. 그녀가 가져다준 커피의 은은한 향은 그 그림자 속으로 나지막이 퍼진다. 그리고 나는 잠시 이 정원과 커피를 느긋하게 즐기고 있다.

문뜩 이 자리가 책의 표지로 적당할 것 같은 생각이 든다. 나는 개울 건너 반대편에 가서 사진을 한 장 더 찍었다. 내가 앉았던 의자와 테이블이 카메라 앵글에 잡히고 개울가의 프리뮬러는 내가 상상했던 코티지 가든의 풍경을 완성하고 있다. 그리고 사진 속에 검붉은 톤의 묵직한 코티지가 정원의 배경으로 자리 잡고 있다. 몇 백 년 동안 누군가의 삶을 담았던 곳이다. 과거로부터 켜켜이 쌓여온 많은 이야기들이 깊숙이 포개져 두터운 색감으로 배어나오고 있다.

1 비교적 높은 곳에 전망대가 있지만 한 층 정도를 더 올라가 손에 잡힐 듯 참나무 잎새를 느끼게 한다. 2 멀리 한적하게 펼쳐지는 들판이 주택, 정원과 어우러져 목가적인 풍경을 만들고 있다. 3 경사면에 있는 텃밭은 침목으로 단을 만들어 계단식으로 조성하였다. 4 나무로 만든 현관문 그리고 격자 틀의 창문 등이 이 주택의 연륜을 말하여 준다. 5 생울타리는 오래된 회양목이며 그 사이로 길과 접해 있는 낮은 대문이다.

코티지 가든
- Cottage Garden -

코티지(Cottage)는 소작인들이 사는 작은 시골집이었다. 큰 토지를 갖고 있는 농장 주인의 팜 하우스(Farm House)와 달리 거의 농토가 없는 가난한 농민들이 사는 작은 집이다. 대부분 단층집이며 다락방이 있어 그곳에 침실을 두기도 한다.

그리고 코티지 가든은 이 집에 딸린 정원을 말한다. 이런 정원이 지금 영국의 대표적인 정원 양식인 <English Flower Garden>으로 발전하게 되었다. 우리나라의 전원주택에서도 화단, 텃밭 등이 있는 이런 양식의 정원을 대부분 선호하고 있다.

코티지 가든의 기원은 문헌에는 나오지 않으나 역사학자들은 1340년대 흑사병이 유럽 대륙과 영국을 휩쓸었을 때, 이 전염병을 예방하는 방법으로 집 주위에 향기 나는 식물을 심기 시작한 것으로 추론하고 있다. 또한 농민들은 코티지 주변에 감자, 콩 그리고 과실 등을 심어 식량으로 충당할 수 있는 작은 채소밭도 함께 조성한다.

이러한 농가 주변의 소박한 정원은 19세기 윌리암 로빈슨(William Robinson)에 의해 체계적으로 소개된다. 정원사이자 언론인이며 영국의 아트 앤 크라프트 운동(Art & Craft Movement, 1860-1910)에 참여한 그는 그의 저서 <The English Flower Garden>에서 코티지 가든의 순수한 아름다움을 언급한다.

그리고 그의 친구이며 당대 최고의 정원 디자이너인 거트루드 지킬(Gertrude Jekyll)에 의해 시골 농가 주변의 코티지 가든이 대저택의 정원 디자인에 연출되기 시작한다. 그녀는 코티지 가든의 식재 방법을 응용해 꽃과 잎사귀의 색상에 따라 식물을 모으고 구분하는 혼합 식재의 화단을 만들어낸 것이다.

그 후 20세기 초, 이 식재 양식은 비타 색빌 웨스트(Vita Sackville-West)의 시씽 허스트(Sissinghurst Castle)와 로렌스 죤스톤(Lawrence Johnston)의 히드코트 메너(Hidcote Manor)에 화려하고, 세련되게 적용되면서 영국인들이 사랑하는 정원 양식으로 자리 잡게 된다.

코티지 가든의 특징은 숙근초를 자연스럽게 혼합 식재한 화단, 목재로 만든 울타리, 작고 낮은 대문 그리고 포장은 그 지방에서 나는 돌이나 자갈을 깔았다. 그리고 정원 시설물인 파고라, 의자 및 테이블은 통나무나 자연 소재로 만들어 소박한 분위기이다.

초기에 이 화단에는 관목류로 붓들레아, 위성류, 병꽃나무, 고광나무 등을 심었으며 대문 위에 설치한 아치나 현관에 등나무와 덩굴장미를 올렸다. 그리고 계절별로 다음과 같은 다년초를 주로 식재하였다.

봄 화단 : 프리뮬러(Primulas, 사진 4)
폴리안서스(Polyanthus)
은방울꽃(Lily-of-the-valley, 사진 5)

여름 화단 : 매발톱(Aquilegias, 사진 1)
원추리(Daylilies, 사진 2)
숙근제라늄(Hardy geraniums, 사진 3)
아스트란티아(Astrantias, 사진 6)

가을 화단 : 살비아(Salvias, 사진 7)
꽃범의꼬리(Physostegias)
아네모네(Anemones, 사진 8)

TIP 1

TIP 1

아직도 옛 모습을 그대로 간직하고 있는 대표적인 코티지 가든은 16세기 영국의 대문호 셰익스피어(W. Shakespeare)의 아내인 앤 해서웨이가 결혼하기 전까지 살았던 집(Anne Hathaway's Cottage)에서 볼 수 있다.

이곳은 코츠월드 지역의 스트랫퍼드 어폰 에이번(Stratford-upon-Avon)에 있다. 코티지는 16세기 농가 주택의 전형적인 모습을 간직하고 있다. 길가에 접한 생울타리 사이의 낮은 문을 들어서면 오른쪽에 초가지붕의 건물이 있다. 그 앞마당에 통로를 제외하고 채소밭, 허브밭 그리고 화단이 어우러져 있다. 앤 해서웨이의 코티지 가든은 소박한 듯 화려한 모습이다. 지금은 셰익스피어 재단이 관리하고 있으며 수백 년 전의 코티지 가든을 거의 원래의 모습으로 보존하고 있다.

Anne Hathaway's Cottage & Gardens

1. 기념품점
2. 코티지
3. 코티지 가든
4. 라벤더 메츠
5. 피크닉장
6. 과수원
7. 주차장

TIP 1

2.7. 정원수를 키우는 정원

- Merriments Gardens -

메리먼츠 정원(Merriments Gardens)은 NGS 오픈 가든을 하지만 농원과 가든 센터를 겸하고 있다. 나는 편한 시간에 방문하려고 따로 약속을 잡지 않았다. 그런데 올 해부터 공식적인 RHS 파트너 정원이 되었다.

다행히 오늘은 수요일이고 RHS 회원이면 무료로 입장할 수 있는 날이다. RHS 파트너 정원은 무료 또는 기간에 따라 무료로 입장할 수 있다. 우리는 오기 전에 RHS 회원으로 등록하였다. RHS 회원의 1년 회비가 정원 4~5군데의 입장료를 합한 비용 보다 저렴하기 때문이다. 나는 회원증을 갖고 있어 보여 줬는데 이수는 휴대전화에 어플을 깔아 놨다. 시골에서 인터넷이 잘 터지지 않는다. 휴대전화를 들고 이리저리 휘젓고 있는 그를 보고 있던 매표소 직원은 웃으면서 '걱정 마세요. 당신을 믿습니다.'라며 입장권을 내어 준다.

메리먼츠 정원은 1990년 데이비드 윅스(David Weeks) 가족에 의해 정원수를 생산하는 농원으로 시작하였다. 지금은 4 에이커의 정원과 4 에이커의 농원으로 구성되어 있으며 책임 가드너 셀리 브릭스(Sally Briggs)와 전문 가드너 팀에 의해 관리되고 있다. 윅스 씨는 10여 년 동안 메리먼츠 농원에서 우수한 정원 식물의 품종을 키워 RHS가 주관하는 첼시 플라워 쇼에 전시해 왔다.

정원은 부분적으로 죠 톰슨(Jo Thompson)에 의해 디자인되었다. 그녀는 2009년 메리먼츠 정원의 후원으로 첼시 플라워 쇼의 전시 정원에서 은상을 받았다. 그리고 이 전시 정원은 플라워 쇼가 끝난 뒤, 켄트(Kent)주에 있는 어린이 호스피스 병원인 데멜자 하우스(Demelza House Children's Hospice)에 기증되어 그곳으로 이전되었다. 치료하기 어려운 병에 걸려 힘들어하는 아이들에게 새싹이 나고 꽃봉오리가 맺히어 꽃이 피는 정원은 무엇과도 바꿀 수 없는 값진 선물이리라.

우선 입구에 있는 안내판으로 가서 정원 탐방의 계획을 세운다. 분홍색 꽃이 가득 담긴 메리먼츠 정원의 로고가 예쁘다. 정원으로 들어가라는 글자에도 분홍 꽃이 가득하다. 대부분의 안내판에는 관람 순서에 따른 길표시나 정원의 성격에 따른 공간별 정원 이름이 있는데, 이곳은 색다르게 계절별로 즐길 수 있는 정원의 모습을 제시하고 있다.

봄: 생기 넘치는 봄의 전령사 수선화가 피고 나면 화단 가득 수천 송이의 튤립이 뒤를 잇습니다. 그리고 벚꽃 가지 위에 화사한 꽃망울이 터집니다. 은색의 자작나무 숲에서 크로커스가 올라오고 그 다음 나지막이 깔리는 흰색의 바람꽃이 숲을 덮습니다. 그리고 알리움의 꽃무리는 개울을 따라갑니다.

여름: 정형식 정원의 수로는 다양한 글라스류로 경계를 이루고 다양한 초록색은 습지 정원을 물들입니다. 소로를 따라 밤나무로 만든 파고라 위에는 장미와 크레마티스 그리고 스위트피의 꽃과 향기로 뒤덮고 있습니다. 여러 종류의 장미는 정원 곳곳에 피어 있습니다.

가을: 단풍나무와 백합나무가 물들었습니다. 루드베키아, 아킬리아, 톱풀 그리고 개오동나무가 노란색으로 화단을 장식합니다. 다양한 종류의 아스타, 에키네시아, 다알리아, 사초류 그리고 일본아네모네가 정원을 수놓고 있습니다.

잠시 들르는 나로서는 이 정원의 모든 계절들을 아우를 수는 없었지만, 정원 마니아들이 왜 이 정원을 자주 들르게 되는지를 짐작할 수 있다.

정원을 들어서면 왼쪽으로 핫 보더(Hot Border)이다. 'Hot'를 어떻게 해석해야 될지 모르겠지만 최신 유행의 화려하고 인기 있는 식물을 모아 놓은 화단이 아닌가 생각된다. 핫 보더에 있는 꽃들이 하나하나 선명하게 보인다. 이는 각각의 식물 크기에 맞춰 적절히 배치하고 적당한 양의 군락으로 식재하였기 때문이다. 게다가 초록색 생울타리가 배경이 되고 있다.

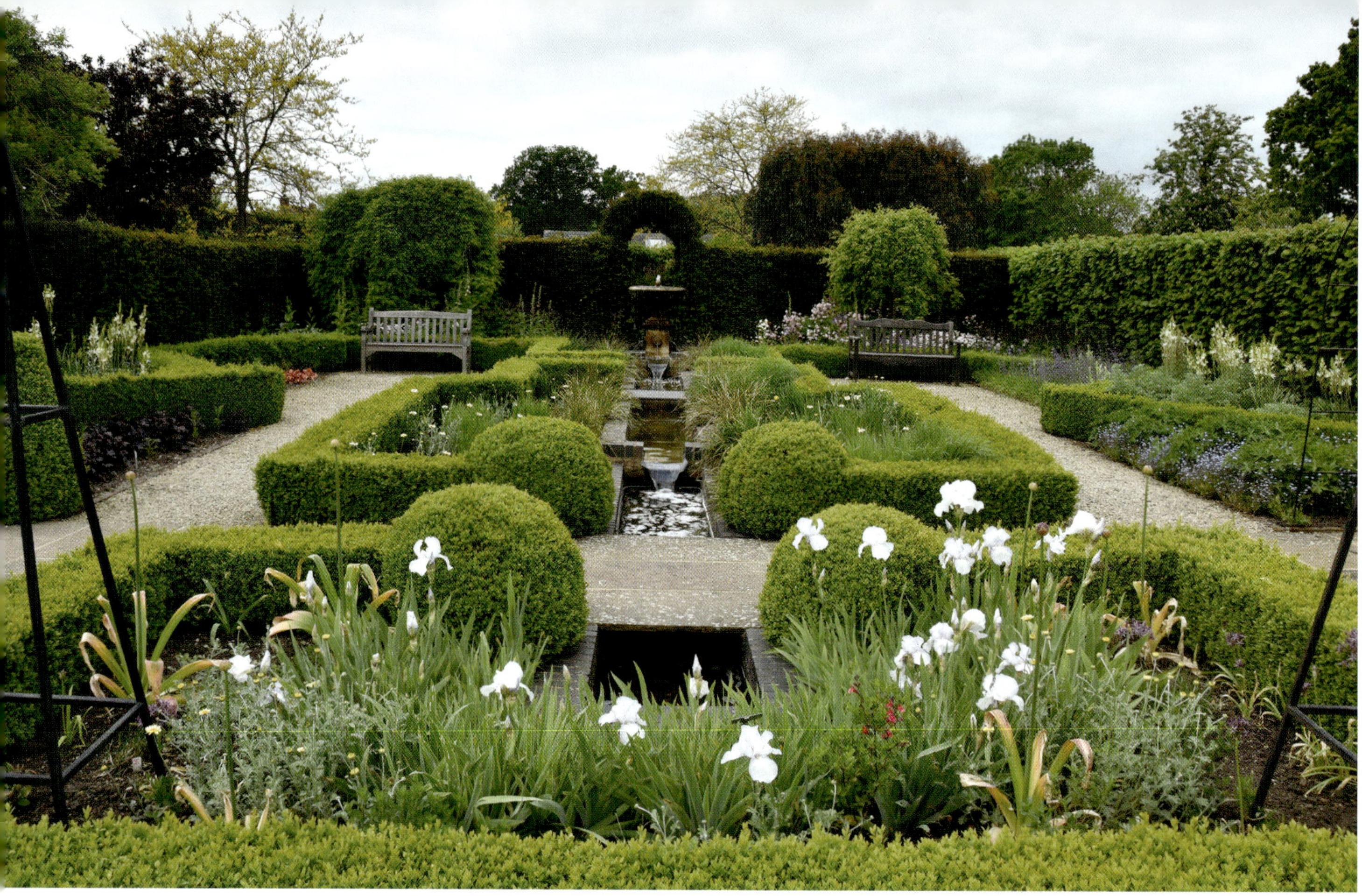

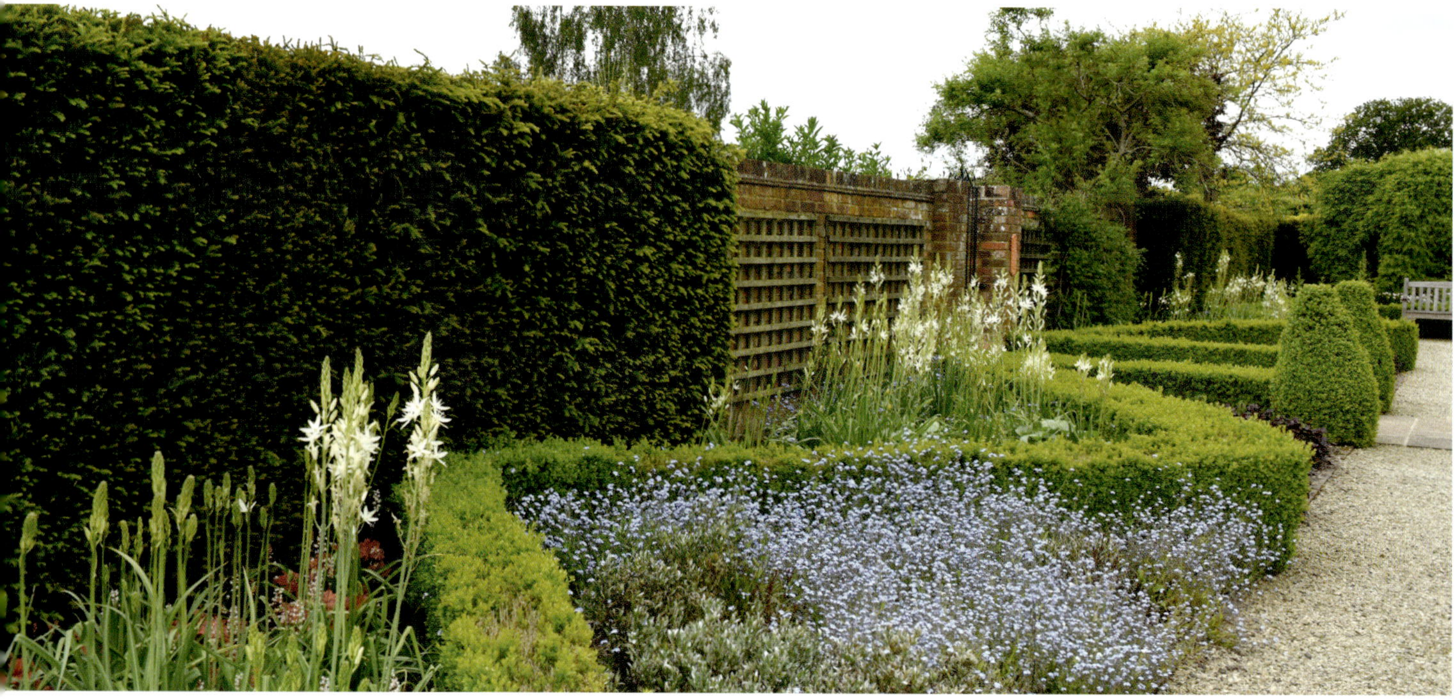

생울타리 안쪽으로 정형식 정원(Formal Garden)이다. 회양목으로 전정하여 문양을 넣었고 그 문양은 좌우대칭이다. 정원 가운데 일직선으로 물길이 있고 한쪽 끝에 조형 분수가 있다. 물길 양쪽에 키 작은 글라스류가 자라고 있다. 아마 겨울에 훌륭한 모습으로 겨울 정원을 장식할 수 있을 것 같다.

길을 따라 좀 더 들어가니 다른 지역과 달리 자갈을 깔았다. 이곳은 푸른 자갈 정원(Blue Gravel Garden)이다. 자갈은 습한 지역에 배수를 위하여 깔은 듯하다. 청록색 자갈을 이용해 시원한 느낌을 준다. 자갈밭 사이사이에서 아가판투스, 아칸서스 그리고 델피니움이 자연스럽게 식재 되어 있어 마치 자생하고 있는 듯하다.

다리를 건너 지나면 왼쪽으로 노란색 정원(Golden Border)이 나온다. 이곳에서 꽃의 색상으로 만들 수 있는 노란색이 얼마나 다양한가를 보여준다.

그리고 초록으로 파릇파릇한 습지 정원이 나온다. 연못과 개울이 연결되면서 다리가 있고 그 주변에 다양한 습지 식물을 식재하였다. 그리고 거의 끝부분에 야생 정원이 있다. 이 지역은 새, 나비, 벌 및 곤충들을 중심으로 야생화를 특화하였다. 그리고 새들을 관찰할 수 있는 조류 탐색관이 있다. 새들에게 먹이를 주거나 먹이통을 채워 넣을 때, 메리 먼츠의 조류 전문가인 댄(Dan)이나 필(Phil)의 조언을 받으라는 안내판이 붙어있다.

마지막으로 가든 센터를 지나서 나오게 된다. 메리먼츠의 가든 센터는 농원에서 재배하고 있는 다양한 그리고 희귀한 식물들을 팔고 있다. 지금 내가 구입한 모종이 몇 년 후 커진 모습을 메리먼츠 정원에서 직접 볼 수 있다. 정원 안에 대부분의 식물은 이름표가 붙어있다. 큰 식물을 원할 경우에는 정원에 있는 식물을 직접 구매할 수도 있다.

즉 이곳은 농원에서 재배하고 있는 정원수를 이용하여 다양한 성격의 정원을 전시하고 있다. 토양의 조건에 따라서 습한 지역, 건조한 지역 등으로 나누고 정원의 유형에 따라 정형식 또는 야생화 중심의 자연풍경식 등으로 나누어 적절한 식물을 식재하였다. 이는 내 정원에 맞는 식물을 쉽게 찾을 수 있고 전문 정원사들에게도 각 공간에 어울리는 정원 식물을 공부하기 편리하게 되어 있다.

그리고 메리먼츠 정원은 회원 제도를 운영하고 있다. 회원이 되려면 회원권을 사면 된다. 회원권은 2년을 사용할 수 있으며 2인용 회원권은 £40.(6만 원), 1인용은 £30.이다. 회원은 무료입장, 식물 가격의 할인, 세미나 참석 등 다양한 혜택을 받을 수 있다. 메리먼츠의 회원권은 상품권으로 준비되어 있다. 정원이 있거나 정원 꾸미기를 좋아하는 친지나 친구들에게 선물할 수 있다.

이렇듯 정원 회원권은 생일이나 축하 선물로 스카프나 지갑이 아닌 '정원에서의 즐거움'을 선사할 수 있다. 이러한 생활이 정원 문화를 만들고 있으며 문화라는 것은 이렇게 주고받으면서 자연스럽게 형성되는 것이 아닌가 생각한다. 영국은 생활 속에 그들의 정원문화가 들어 있었다.

정원의 쉼터

정원사는 겨우내 올해는 정원을 이렇게 해볼까? 저렇게 해볼까? 즐거운 고민을 한다. 그리고 봄이 오고 땅이 녹기 시작하면 신이 나서 정원 일을 시작한다. 3월, 4월은 모종이나 텃밭 고르기 등 잔잔한 일로 어려운지 모른다. 하지만 5월이 되면 햇볕도 따가워지고 잡초도 점점 뿌리가 튼실해져서 힘을 주어 뽑아야 한다. 6월, 7월은 더할 나위가 없다.

정원사에게 정원 일을 하다 잠깐 쉴 수 있는 쉼터가 필요하다. 쉽게 의자를 가져다 놓을 수는 있지만 햇볕까지 가리려면 좀 더 적절한 시설물이 필요하다. 이런 시설물은 Pergola, Gazebo, Pavilion, Shelter, Summer House 등 영어 이름이 있고, 우리말로는 정자, 그늘집, 그늘 시렁 등이 있다.

1. 퍼걸러(Pergola)
정원에 덩굴 식물이 타고 올라가도록 기둥과 보로 만든 구조물이다. 상단에 보를 여러 줄 놓아 덩굴 식물이 그늘을 만들어 우리말로는 그늘 시렁에 가깝다.

2. 가제보(Gazebo)
옥외공간에 지붕이 있고 사방이 트인 건물이다. 정원이나 공원에서 장식적인 요소가 되며 작은 연주회를 위한 단으로 이용하기도 한다. 이는 우리의 정자와 같은 역할이다.

TIP 2

3. 파빌리온(Pavilion)
정원이나 공원 안에 그늘을 제공하는 쉼터이다. 행사나 전시 기간에 일시적으로 사용하기도 하며 운동장이나 공연장의 대형 천막이 이에 속한다.

4. 쉘터(Shelter)
비바람이나 외부로부터 위험을 막아주는 대피처 또는 피신처이다. 산이나 등산로 주변에서 잠시 쉴 수 있는 장소를 제공한다. 대표적으로 휴양림에 있는 그늘집이다.

5. 썸머 하우스(Summer House)
단어에서 보듯이 여름더위를 피하기 위한 집으로 넓게는 시원한 지역에 짓는 여름 별장이다. 정원에서는 지붕이 있어 햇볕을 막고 쉴 수 있는 건물이다.

2.8. 첼리스트의 정원

- Brickwall Cottages -

막다른 골목에 서너 채의 집이 있다. 진입 도로는 1차선이었고 그 사이 다른 집은 없었다. 골목 끝에 공용 주차장이 있고 그 앞으로 서너 집의 입구가 주차장을 향하고 있었다. 또 번지수가 없어 잠시 두리번거리고 있으니 막 주차를 하고 아이를 차에서 내리던 이웃이 어느 집을 찾느냐 묻는다. 그러는 사이 이 정원의 주인인 수 마틴(Sue Martin)이 '미세스 문이냐?'며 마중을 나온다.

정원은 크지 않지만 화단에 다양한 식물들이 있다. 4월 말 그리고 5월 초에 피는 봄꽃들은 지고, 아직 여름 화단을 장식하는 꽃들이 피지 않은 정원이다. 하지만 가만히 화단 안을 들여다보고 그들을 상상해 보면 무척 화사하고 자연스럽게 식재된 정원임에 틀림없다.

수 마틴은 1988년에 이곳으로 이사 왔다. 전에 살던 사람은 제1차 세계대전(1914~1918) 때부터 살고 있던 노부부이었다. 토질은 진흙이 많이 섞인 점질 토양이며 정원이라고 말하기 보다는 전체가 채소밭이었다. 그녀는 우선 토양을 사질양토로 바꾸었다. 정원에서 토양을 바꾼다는 것은 쉬운 일이 아니다. 모든 것을 백지화하고 새로 시작하는 것이었다. 그리고 수는 자신이 직접 정원을 디자인하고 가꾸어온 이야기를 들려준다.

그녀는 우선 거실을 통해 보이는 정원의 모습이 중요하다고 생각하였다. 그래서 거실 앞에 자연스럽게 자갈을 깔고 테라스를 만들어 거실을 연장하였다. 그 앞으로 잔디밭을 두고 울타리 쪽으로 곡선으로 경계를 주어 화단을 조성 하였다. 그리고 잔디밭 위에 디딤돌을 놓아 텃밭으로 가는 길을 만들었다.

처음엔 들쭉날쭉 자신도 어떻게 될지 예측할 수 없었단다. 그녀는 종이 위에 실계도를 그리는 것이 아니니 모든 계획을 땅에다 직접 그리며 하나씩 만들어 나갔다. 그리고 몇 년 후 연못을 만들고 싶어졌다. 적당한 자리를 물색하다가 길 중간에 연못을 만들고 수조 주위를 넓게 포장하여 길로도 활용할 수 있게 하였다. 그리고 덩굴장미를 올리고 싶어져서 길 양쪽에 밤나무 기둥을 세우고 파고라를 만들었다. 덩굴장미는 아직 파고라를 완전히 덮지는 못하였지만 점차 덮어 가고 있다.

그녀는 화단에 벽돌을 깔아 소로를 만들고 그 주변에 식재를 하였다. 그러러니 다양한 일년초와 숙근초의 꽃 색을 공부하여야 하였다. 그리고 좋아 하는 초화류를 사다 화단에서 이런저런 실험을 시작하였다. 그녀는 아직도 혼합 식재에 대해 실험중이라고 한다.

1 코티지 정원답게 부엌 앞의 화단은 다양한 다년초를 혼합 식재하였으며 노란색에 가까운 연두색의 오포르비아(Euphorbia)의 꽃다발들이 풍성하다. 2 연못 주위는 넓은 판석을 깔아 넉넉한 분위기이다. 3 정원 안에서 그늘 아래 앉을 수 있는 장소와 햇볕 아래 앉을 장소를 분리해 놓았다.

잔디밭을 지나면 온실 쪽으로 꺾어지면서 'ㄱ'자의 긴 정원이 된다. 이곳은 여섯 집이 붙어 있는 연립주택 형식이고 각각 비슷한 크기의 정원이 있었다. 꺾인 부분은 몇 년 전까지 옆집에 사시던 어머니의 정원 일부였다. 어머니가 돌아가시면서 정원의 일부를 그녀가 살 수 있게 되었다. 그래서 수는 꺾어진 기다란 정원을 갖게 되었다.

그 긴 정원 끝에 온실이 있고 퇴비장이 있다.
온실 앞에 그녀는 묘목을 기르고 있다. 그 양이 제법 많다. 그녀는 묘목을 키워서 하디 식물 협회(The Hardy Plant Society)에 납품하기도 한다. 이 협회는 초본류에 관심이 있는 사람들의 모임이다. 취미 정원사, 정원사 그리고 양묘회사들이 회원이며 정원에 대한 정보도 나누고 자신이 키운 초본류를 사거나 팔기도 한다. 현재 영국에 40개의 지부가 있다. 나는 그녀에게 그곳에 묘목을 팔아 수익을 올릴 수 있느냐 물으니, 파는 모종 보다 늘 그곳에 가면 새로 사오는 모종이 더 많아 아직은 적자라며 크게 웃는다.

수는 나에게 시씽허스트를 가보았느냐고 묻는다. 나는 정원 역사에 나오는 중요한 정원이라 몇 번 가보았다 하였다. 그녀는 자신이 그곳의 자원봉사자라며 일 년에 6번 그곳에서 봉사한다고 한다. 가는 날은 월요일로 배정받았고 마을에 사는 5~6명의 다른 봉사자들과 함께 간다. 시씽허스트 정원에는 하루에 100여 명의 봉사자가 온다. 하는 일은 다양하여 주차장 관리, 입장권 판매, 정원 설명, 그리고 정원 가꾸기 등이 있다. 수는 정원 가꾸기 중에 장미 전정을 하고 있단다. 그녀는 자신의 손으로 시씽허스트 정원의 장미를 다듬어 놓는다는 것이 무척 자랑스럽다고 한다.

나는 수에게 정원 가꾸기나 디자인을 배운 적이 있느냐 물었다. 그녀는 전문적으로 배운 적은 없지만 자신이 정원을 갖게 되니 어릴 적 어머니와 할머니가 정원 가꾸시던 모습을 기억할 수 있었단다. 그리고 그들과 마찬가지로 그녀도 직접 자신의 정원을 디자인하고 조성하게 되었단다.

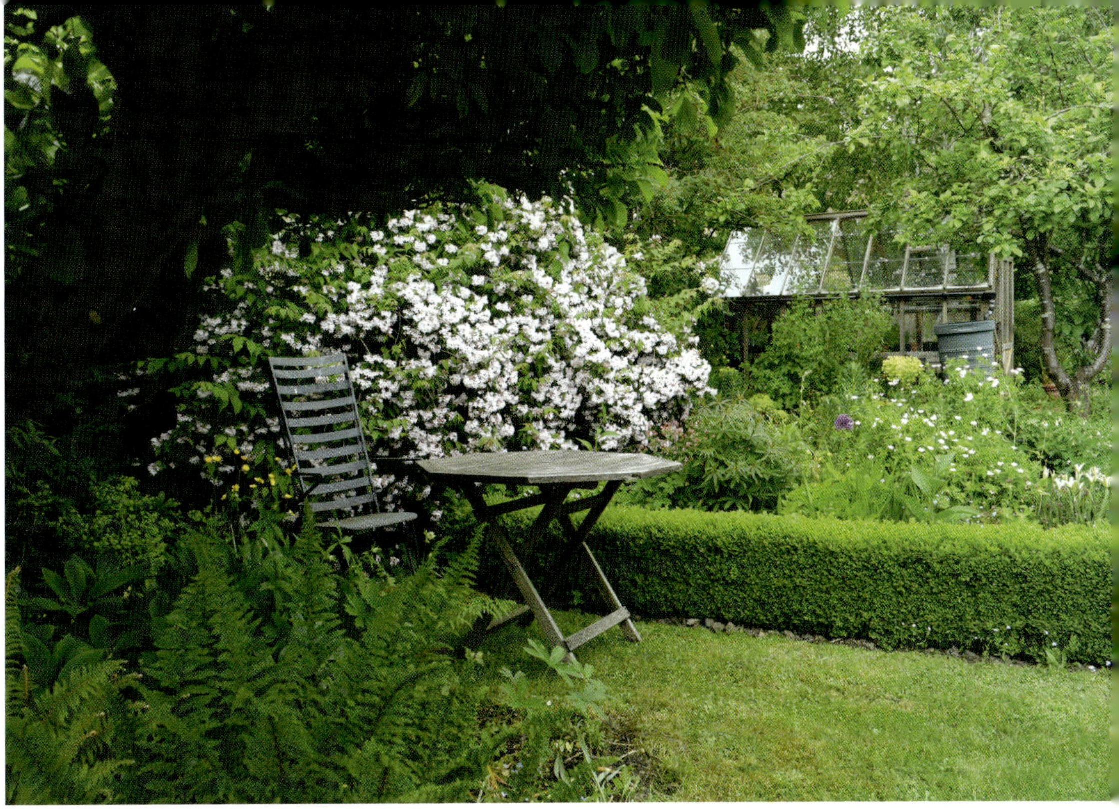

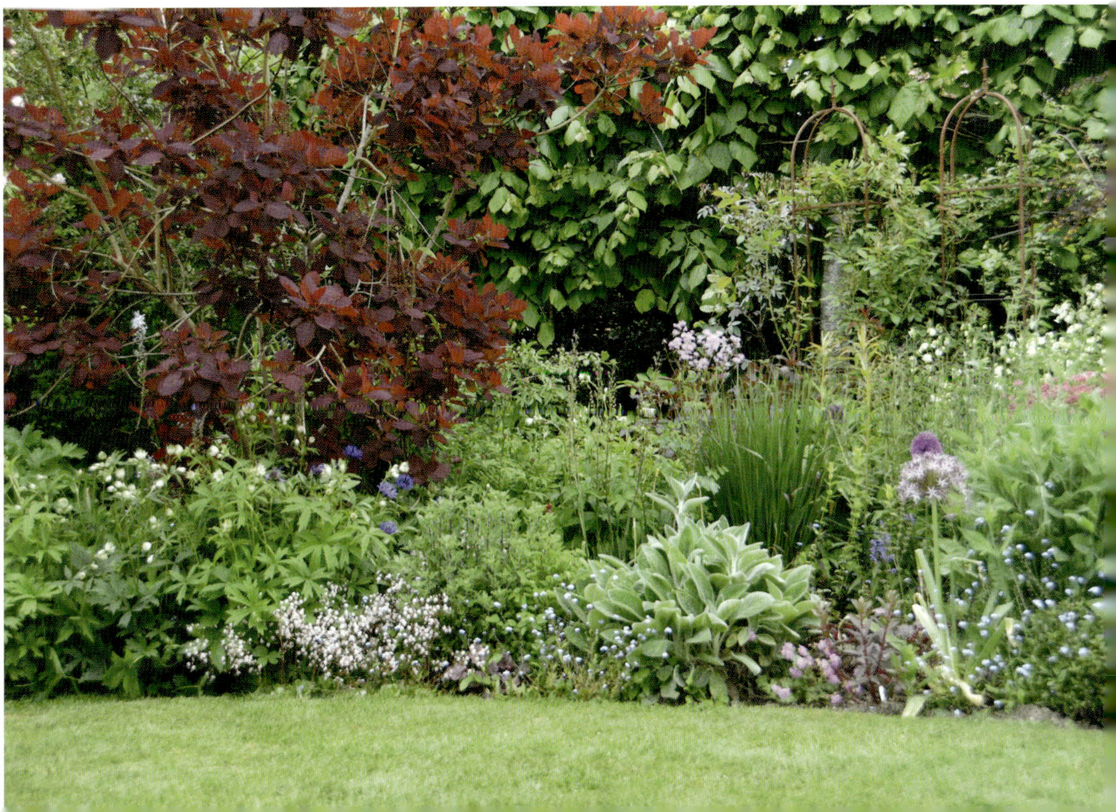

또한 그녀에게 정원 가꾸기에 대한 최고의 참고서는 베스 샤토(Beth Chatto:1923~)가 쓴 <베스 샤토의 공책(Beth Chatto's Garden Notebook)>이라고 한다. 이 책은 1988년에 출간 되었으며 베스 샤토 정원(The Beth Chatto Gardens)에서 일어나는 모든 정원 일을 1월부터 12월까지 꼼꼼히 기록한 것이다.

베스 샤토는 식물생태 학자인 남편과 함께 에섹스(Essex)주 에름스테드(Elmstead)에 위치한 이 정원을 만들었다. 1960년부터 그녀는 연평균 강수량이 50mm 정도인 척박한 불모지에 많은 시행착오를 겪으면서 최적의 식물들을 찾아내어 지금의 아름다운 정원을 만들었다. 그리고 그 과정을 여러 권의 책으로 발간하였다.

나는 베스 샤토가 정원을 디자인하는 과정을 언어를 배우는 과정과 비교하여 쓴 글이 생각난다.

"Designing the garden is like learning to speak. You begin with odd words – learning the individual plants. Then you create a simple phrase, finding two or three plants that look well together, next comes a sentence and finally the complete story."

정원을 디자인하는 것은 말을 배우는 것과 비슷하다. 당신들은 각 식물들의 특성을 배우듯이 서로 다른 단어의 뜻을 배우며 시작한다. 그리고 서로 잘 어울리는 두세 종류의 식물을 찾듯이 간단한 문구를 만들어 낸다. 그 다음 문장을 만들고 결국 하나의 이야기가 된다.

- Beth Chatto -

정말 적절한 표현이다. 정원은 정원사와 함께 저마다의 이야기를 만들어 낸다. 아마 수는 이 정원에서 베스 샤토가 말한 것처럼 하나씩 배우기 시작하였고 그녀만의 이야기를 꾸미고 있다. 언어도 10년, 20년이 지나면 세련되게 말할 수 있듯이 정원 디자인도 마찬가지인 것 같다. 이미 수는 이 정원에서 25년 동안 정원 이야기를 만들고 있으니 그 세련됨과 아름다움이 남 다르다.

거의 인터뷰가 끝날 무렵, 아는 분이 온 듯하다. 안으로 들어오지는 않고 울타리 너머로 수와 몇 마디 나누고 간다. 수는 나에게 이야기가 끊겨 미안하다며 그분이 주말에 마을회관에서 열리는 연주회 때문에 잠시 들렸단다. 그리고 수는 그 연주회에서 첼로를 연주한다고 한다.

소설가 김훈은 그의 산문집 <밥벌이의 지겨움>에서 '뭘 해 먹고 사는지 감이 안 와야 그 인간이 온전한 인간이다.'라고 하였다. 정녕 수 마틴은 직업이 무엇인지 감이 오지 않았던 '온전한 인간'인 듯하다.

1 밤나무로 기둥을 세운 퍼걸러이다. 2 옆집과의 울타리를 투시형으로 만들고 긴 의자를 두었다. 3 수반에 새들이 와서 목욕도 하고 물도 마신다. 4 다양한 다년초 화단에 다간형의 박태기나무 종류의 나무는 정원을 짜임새 있게 만든다.

2.9. 농부가 꿈이었던 정원사

- Old Bladbean Stud -

주택의 이름에 'Stud'가 들어 있으니 아마 옛날에 종마 사육장이었나 보다. 이곳은 런던에서 남동쪽으로 위치한 켄트(Kent)의 작은 시골마을이다. 켄트는 도버 해협을 사이에 두고 프랑스와 접하고 있으며, 북쪽은 템스강 하구에 면하고 있다. 대부분의 토지는 과일·홉·보리 등을 재배하는 농토가 많으며 초지에는 양을 방목한다. 이러한 아름다운 전원 풍경으로 '영국의 정원'이라는 별명이 붙어 있다.

이 정원은 크게 5구역이다. 대문을 들어오면서 첫 번째로 장미 정원(Rose Garden)이 있다. 조각품을 중심으로 방사선으로 디자인되었다. 방사선의 4분의 1 정도만 이용한 문양이며 '오리 물갈퀴 패턴'이라고 부르니 그 표현이 재미있다. 방사선 문양이라 포장된 소로는 직선으로 나있다. 하지만 경계 안쪽의 화단에 낮은 초화류들이 식재되어 있어 그들의 풍성한 볼륨이 부드러운 곡선을 만들고 있다.

두 번째는 노란 정원(Yellow Garden)인데 계절이 맞지 않은지 노란색은 보이지 않고 넓은 잔디밭에 야외 테이블과 의자가 있다. 어제 이 정원의 오픈 가든 행사를 했다고 하니 이들을 아직 치우지 못하였나 보다. 그리고 파스텔 정원(Pastels Garden)이 있는데 온실과 별채가 있다. 별채는 썸머 하우스로 쓰고 있다. 은은한 파스텔 톤의 꽃을 중심으로 장식하였다

세 번째는 대칭 화단(Double Mirrored Borders)이다. 직사각형의 긴 면도 좌우 대칭이고 짧은 면도 좌우 대칭이다. 흰색 오벨리스크를 이용하여 그 대칭성을 쉽게 인지할 수 있게 하였다. 긴 화단에서 혼합 식재의 모듈이 내략 4번 반복되고 있어 리듬감이 있다. 안내 지도에 5월 중순에서 하순까지 붓꽃을 볼거리로 제시하고 있다. 흰색부터 하늘색, 파란색, 푸른 자주색 등 다양한 색상의 붓꽃이 한창이다.

케롤 브루스(Carol Bruce)는 과실과 채소원(Fruit and Vegetable Garden)에서 모종을 정리하고 있다. 어제가 정원을 개방하는 날이었고 팔고 남은 것과 다음 개방을 위해 새로 모종을 포트에 옮겨 심는다. 나는 그녀의 일을 방해하지 않기 위해서 그곳에서 인터뷰를 하자고 하였다.

1 두 번째 노란 정원에 방문객들을 위한 야외 테이블과 의자가 있다. 2 직선으로 난 길은 반원형의 풍성한 다년초들에 의하여 곡선이 된다. 3 진한 분홍색의 너도부추는 화단의 모퉁이를 장식하고 있다.

케롤과 남편은 2003년에 정원이 딸린 이 주택을 별장으로 장만하였다. 이 곳은 3년 이상 안 팔리면서 사람이 살지 않았던 곳이었다. 주택과 정원은 거의 황폐화 되어 있는 상태였다. 그녀는 13년 동안 이 정원을 아름답게 바꾸었다.

그녀는 경제학자라고 한다. 나는 경제도 모르지만 경제학자가 무슨 일을 하는지도 모른다. 하지만 학자라는 직업은 정원 가꾸기의 노동과는 거리가 있어 보인다. 그래서 이 정원은 몇 명의 정원사가 일하느냐고 물으니 본인 혼자 정원 일을 한단다. 남편은 가끔 친구들과 놀러 오는 정도라고 한다.

나는 믿을 수 없다고 하였다. 나도 정원 일을 하고 있어 이 정도의 정원을 꾸미려면 그 노동의 양을 어림짐작할 수 있다. 그녀는 자신이 농부이기 때문에 가능하다고 한다. 그리고 그녀는 어릴 적 꿈이 농부였단다. 친구들은 런던에 살면서 땅도 없이 어떻게 농부가 되느냐고 놀랐단다. 지금은 정원 일에 빠져있어 거의 반은 농부가 되어 있으니 꿈의 반 정도는 이룬 셈이란다. 반신반의하는 나에게 그녀는 정원을 가꾸는 농부(?)의 한 해를 설명해 주겠단다.

정원 일은 3월 1일부터 시작한다. 장미의 꽃봉오리가 맺히기 전에 가지치기를 하고 전체 수형을 위하여 가지의 균형을 잡는 일부터 시작한다. 날씨에 따라 다르지만 대략 4주 내지 6주가 소요된다.

4월이 오면 밭갈이를 하여 채소밭을 일군다. 그리고 온실에서 배양토를 넣은 모판에 채소 씨를 뿌려 두고 6월 초쯤 밭에다 심을 수 있게 준비해 둔다. 그리고 며칠은 델피니움의 지지대를 고정해 준다. 또한 겨우내 온실에서 자란 숙근초의 모종을 화단에 옮겨 심는다.

그리고 4월부터 6월까지 매일 호미질을 하여야 한다. 이 작업은 한여름 화초나 채소들의 잎이 밭고랑을 덮는 한 여름까지 잡초를 제거해 주어야 하기 때문이다. 이때부터 그녀는 런던에 있는 집에 3~4주에 한 번씩 가게 된다.

1,2 지피식물은 잎의 질감과 색상으로 변화를 준다. 3 소로의 예각 부분을 휴케라로 처리하였다. 4 직사각형의 대칭 화단(Double Mirrored Borders)이며 흰색 오벨리스크로 대칭성을 강조하였다. 5 반원형의 돌로 만든 등의자가 양쪽에 대칭으로 배치되어 있다.

4

5

5월 중순에는 아이리스의 꽃이 피기 전에 무거운 꽃을 버틸 수 있게 꽃대를 잡아 주어야 한다. 그리고 6월 1일부터 일주일 동안 온실에서 키웠던 어린 채소의 모종을 채소밭에 심는다. 그동안 날씨에 따라 다르겠지만 장미의 씨방을 따주고 딸기를 시작으로 블루베리 등 열매를 수확하는 일이 6월 말까지 거의 한 달이 걸린다.

7월 초, 키 큰 숙근초의 줄기를 잡아 준다. 늦은 여름까지 버틸 수 있게 황마 노끈으로 느슨하게 묶어준다. 7월 말, 벽에 고정시켜서 키우고 있는 자두를 수확하고 8월에는 생울타리를 전정하며 회양목 토피어리를 다듬는다. 9월 초 숙근초의 마른 줄기를 정리하고 가을 오픈 가든을 위해 전체적으로 화단을 재정리한다.

여름이 끝날 무렵에는 채소밭 때문에 무척 바빠진다. 채소, 자두, 사과 그리고 배 등을 저장 식품으로 만들어 놓는다. 서늘한 10월이 오면 여름내 자란 숙근초들을 정리한다. 너무 크게 자란 것은 분 나누기를 하고 부적절한 장소에서 올라오는 것들은 옮기기도 한다.

11월에는 초화류의 식재 장소를 바꾸거나 새로운 아이디어로 화단을 정리한다. 12월에 날씨가 좋으면 울타리를 정리하고 지지대에 페인트칠을 한다. 1월에는 드문드문 화단에서 겨울을 넘기고 있는 잡초를 제거하고 2월이 오면 구근류를 심는다. 그러다 보면 다시 장미의 가지치기를 해야 하는 3월이 돌아온다.

그녀는 가끔은 하늘을 보며 때로는 정원 쪽을 바라보면서 차근차근 월별로 일어나는 정원사의 일 년을 기억해 낸다. 나는 몇 번이나 '잠시, 기다려줘!'를 부탁하면서 숨 가쁘게 받아 적어야 하였다. 그녀는 정녕 반 농부이었다.

1~6 다양한 색상의 붓꽃이 대칭 화단 양쪽에 식재되어 있다. 7 키 작은 교목, 관목 그리고 다양한 다년초로 다층 식재를 이루어 자연스럽다. 8 루티엔스가 디자인한 팔걸이와 등받이가 있는 나무로 만든 의자다. 9 금속으로 만들어 앉기에는 불편해 보이지만 정원의 오브제로 자리한 의자이다.

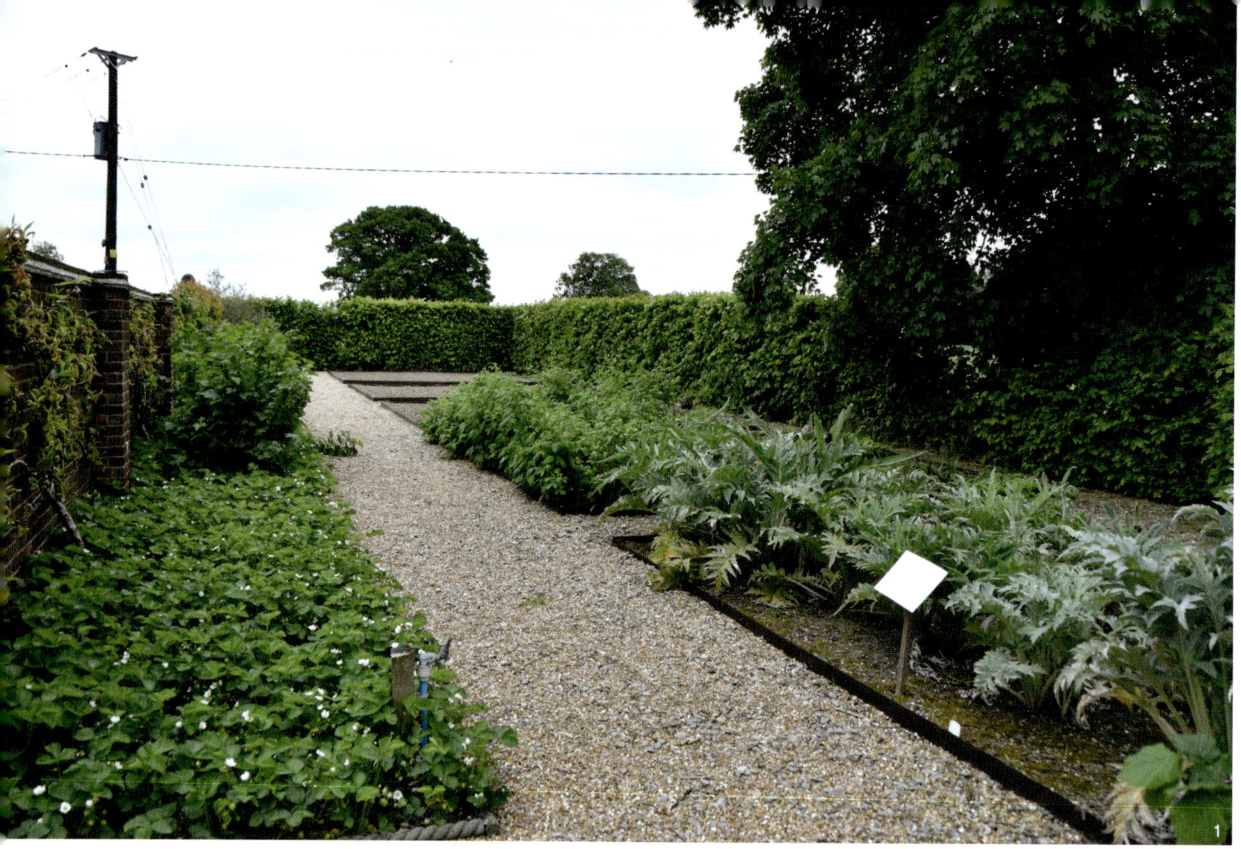
1

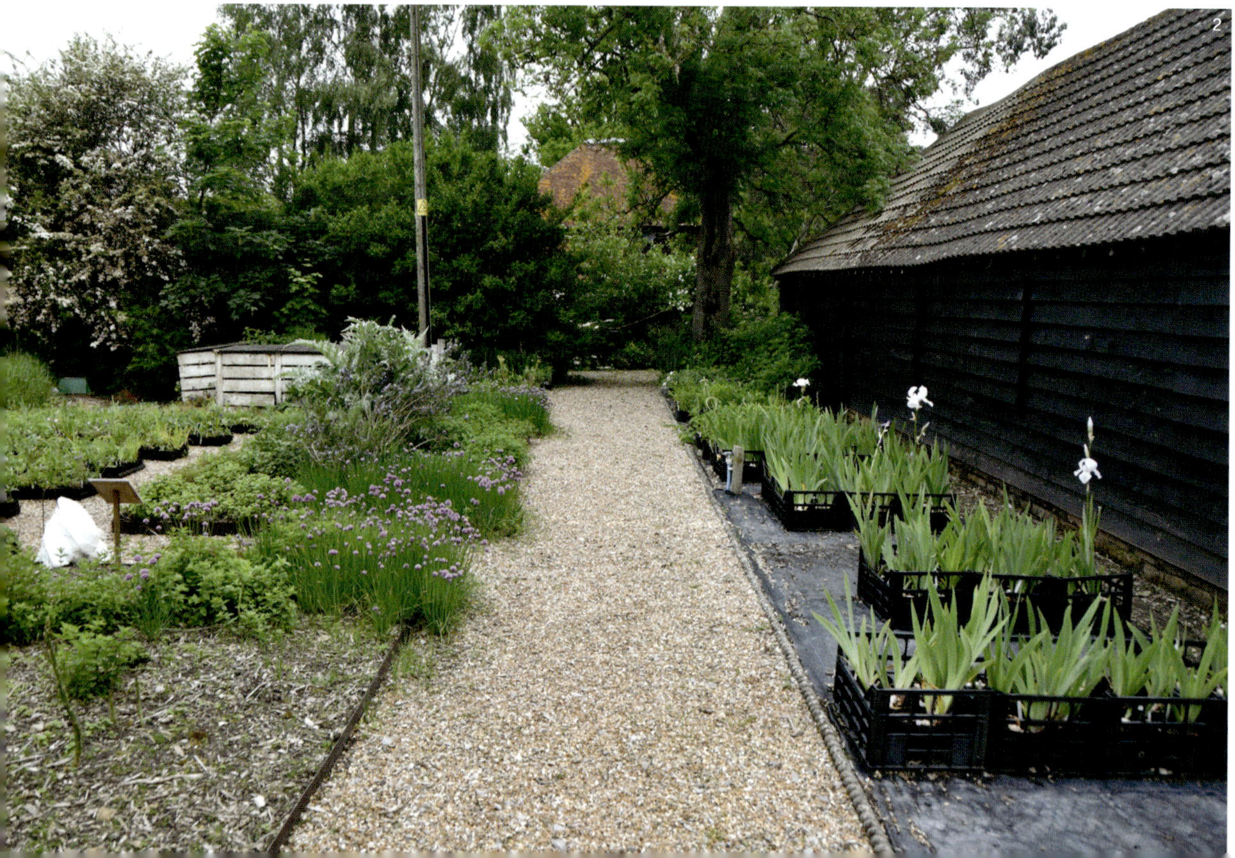
2

이 모든 작업은 시도하고 실패하고의 연속이라고 한다. 그러니까 13년을 시도와 실패를 거듭하고 있단다. 그리고 그녀는 앞으로도 실패하는 범위나 횟수가 줄어들지는 몰라도 아마 실패는 계속 일어날 것이라며 웃는다. 나는 그녀의 말에 전적으로 공감한다. 양평 농원 생활 7년 차인 나는 누구보다도 그녀의 이야기를 이해할 수 있다.

그리고 그녀는 나에게 정원 가꾸기에 대한 격언 하나를 말해 준다.

>   There are no gardening mistakes,
>   only experiments.
>
>   정원 가꾸기에 실패는 없고, 단지 경험할 뿐이다.
>
>   — Janet Kilburn Phillips —

케롤은 2012년부터 NGS의 기부 행사에 동참하였다. 입장료도 받고 모종이나 씨앗을 팔아 기부금을 조성한다. 대략 방문객은 1년에 1,000명 정도이며 매년 기부금은 대략 £5,000(9백만 원)를 넘는다. 제일 많이 왔을 때는 2013년 1,275명이었고 그때 NGS에 £7,000를 기부할 수 있었다. 그리고 그녀가 정원을 개방할 때, 이웃 마을에 사는 동물 보호 협회 회원들이 일손을 도와주고 있다. 그래서 그 해에는 £2,000 정도는 그 협회에 기부하였다.

경제학자인 그녀가 말하고 있는 이런저런 큰 숫자보다 나는 주변에 모인 따뜻한 마음씨들이 더 크게 느껴지는 것은 내가 경제를 몰라서일가? 어쨌든 나는 오늘 그녀와 한 해의 정원 농사를 함께 하였다. 그리고 마음씨 곱고 예쁜 농부인 그녀를 만나 정원 이야기로 즐거웠다.

1 채소밭 경계는 철판으로 두르고 통로는 작은 자갈로 포장하였다. 2 오픈 가든 행사에서 파는 모종을 준비하는 묘포장이며 바크를 깔아 토양의 보습 효과를 주었다. 3 모종을 키우는 온실의 부속 공간이다. 4 영국에서 볼 수 있는 가장 일반적인 유리온실의 모습이다. 5 생울타리 사이로 케롤이 살고 있는 주택이 보인다.

에피소드 2

어느 예술가의 자갈 정원
- Prospect Cottage -

내가 이 해안가에 도착했을 때 이미 2~3명이 자갈밭에서 서성이고 있었다.
이곳은 검은 오두막집과 노란 창틀 그리고 자갈밭에 듬성듬성 나있는 키 작은 초화류가 전부이다. 그리고 긴 해안선이 한눈에 들어오고 그 너머 수평선이 펼쳐진다.

이 정원의 디자이너는 데릭 저만(Derek Jarman:1942-1994)이다. 그는 화가, 영화감독, 작가이며 에이즈 환자로 짧은 인생을 마친다. 그는 영화 촬영 장소를 물색하던 중 외딴 바닷가에서 어부의 낡은 집을 찾았다. 그리고 그의 나머지 생을 이곳에서 보내게 된다.

정원에 울타리는 없고 바닷가에 있는 작은 자갈들이 경계 없이 깔려있다. 어부가 두고 간 듯한 물건들이 드문드문 오브제로 자리한다. 그리고 그 자갈밭 사이에서 바닷바람으로 키를 웅크린 채 자라고 있는 다육질의 갯배추(Sea Kale)가 회색과 푸른빛을 띠고 있다.

에피소드 2

데릭 저먼은 마지막 생을 보내며 이 정원에서 많은 위로를 받았을 것이다. 그리고 이곳을 찾는 사람들이 그 위로를 이해하고 있는 듯하다. 그 위로에는 희망과 슬픔이 함께 했으리라. 그리고 그 색은 아마 푸른색일 것이다.

날씨는 흐리지만 저먼이 원했던 푸른 하늘을 상상해 본다. 그리고 2013년 프랑스의 쇼몽 가든 페스티벌에서 어느 디자이너가 저먼을 추모하며 디자인한 정원이 기억난다. 그는 정원에 작은 자갈을 깔고 푸른 캔버스 천으로 울타리를 만들었다. 아마 그는 저먼에게 푸른 하늘을 만들어 주고 싶었나 보다.

하나의 정원이 영화의 배경으로 나오고 작가가 글을 써서 이야기를 입히니 새롭게 태어난다. 마치 이 집의 이름이 프로스펙트 코티지(Prospect Cottage)인 것처럼.

* Prospect : 어떤 일이 일어날 수 있는 가망 또는 가능성.

2. 10. 선착장이 내려다보이는 정원

- Pheasant Farm -

오늘도 전형적인 영국 날씨이다. 아침에 안개가 끼고 비가 오락가락하면서 기온은 18℃로 스산하다. 영국은 유럽 대륙 서해안에 있어 해양성 기후의 영향으로 여름에 선선하고 겨울에 따뜻하다. 그런데 그 선선함이 습기를 머금으면 으스스하게 느껴진다. 하지만 런던에 종려나무가 야외에서 자라고 있으니 우리나라 제주도의 기온 정도이다. 런던이 북위 51도이고 제주도가 북위 33도이니 런던이 훨씬 추워야 하는데 비슷한 기온이다. 이는 영국 남부 지역으로 북대서양 난류의 영향으로 따뜻한 편서풍이 불어오기 때문이다. 따뜻한 기온과 연중 고르게 내리는 비는 정원 가꾸기에 좋은 조건이다.

비가 온다고 일정을 취소할 수 없다. 다행히 오늘 방문할 두 정원은 담 하나를 사이에 두고 있는 바로 옆집이다. 오기 전에 페즌트 팜(Pheasant Farm)의 정원 주인 루시 님(Lucie Neame)에게 이메일로 정원 방문을 요청하니 바로 옆집도 방문하기를 권했던 것이다. 그리고 고맙게도 옆집 정원 주인에게도 방문 허락을 받아 주었다. 게다가 그녀는 이메일에 '요즘 영국은 이상 저온으로 추우니 여행 가방에 코트를 하나 넣어 오라.'는 조언도 적어 보냈다. 그녀 덕에 가방에 넣고 온 다운 조끼는 영국 여정에서 가장 요긴하게 입은 옷이었다.

이곳은 1500년대에 집을 짓고 1720년대에 창고를 지은 농장이었다. 루시는 1996년 이곳으로 이사 왔다. 이미 한 농장에 있던 농가와 헛간의 건물로 분리하여 두 집으로 만든 곳이다. 그중에 농가 부분을 루시 부부가 구입하였다. 그리고 헛간 부분이 다음에 방문할 페즌트 반(Pheasant Barn)이다.

이사 왔을 때 주택 주변의 내부분 대지는 채소원으로 사용되고 있었다. 루시는 채소밭을 점점 줄이면서 화단으로 만들었다. 그리고 2008년에 정원 디자인을 새로 하고 대대적인 정원 공사를 하였다. 지금도 그 설계도를 갖고 있으며 일년초나 다년초 등 몇 가지 식물을 제외하고는 전체적인 정원의 공간 계획은 그대로 유지하고 있다.

그리고 오래된 사진을 보여준다. 1990년대 항공사진이다. 그 당시 취미 사진가들이 경비행기를 타고 항공사진을 찍어 마을 사람들에게 팔았단다. 별로 비싼 가격이 아니라 사두었던 것인데 요즘 구글(Google) 지도의 항공사진과 비교하면서 정원의 변화를 볼 수 있어 흥미롭단다.

1 오래된 항공사진이다. 붉은 지붕은 피잔트 팜(Pheasant Farm)으로 그 앞에 사각형의 채소밭이 보이고 흰색 지붕은 다음 방문할 정원인 피잔트 반(Pheasant Barn)이다. 2 지붕 높이의 굴뚝으로 담쟁이가 올라가고 있다. 3 아이비가 깔린 주택 모퉁이에 한가롭게 긴 의자를 배치하였다.

이 정원의 크기는 대략 2,000㎡이며 대문에서 현관까지 전정이 있고 왼쪽으로 화난과 산디밭이 있다. 그리고 식당 앞쪽으로 선착장이 내려다보이는 시원스러운 잔디밭과 건물 뒤편으로 야외 수영장이 있다.

전정은 드라이 가든이다. 포장된 진입로 양쪽에 잔 돌이 깔리고 라벤더가 정형적으로 심어져 있다. 깔끔한 디자인으로 입구의 정갈함을 만들고 있다. 흰색의 등나무 꽃이 현관 위를 에워싸고 분홍색 줄장미가 올라간다. 코티지 정원에서 즐겨 심었던 덩굴 식물들이다. 오래된 농가에 옛 정취도 담아내고 모던한 식재 패턴과도 잘 어우러진다.

건물을 끼고 왼쪽으로 돌면 보라색 민트꽃이 길을 만든다. 디딤석은 직선으로 깔렸지만 큰 덩이로 자란 민트의 풍성한 볼륨이 길을 다시 부드러운 곡선으로 만든다.

멀리 담 쪽으로 루피너스(Lupinus) 꽃이 한창이다. 루핀(Lupin)이라고 부르기도 하는 이 식물은 콩과식물로 손바닥처럼 갈라진 잎이 줄기 아랫부분에 나고 꽃은 줄기에 조롱조롱 달린다. 잎 모양의 독특함은 화단의 질감에 변화를 준다.

고대 이집트인이나 잉카족들은 이 루핀을 식용으로 먹었으며 로마 시대에 농민들은 토양을 비옥하게 만드는데 쓰였다는 기록이 있다. 20세기 초에 독일 과학자들은 씨를 알칼리 처리하여 쓴맛이 없는 루핀의 'Sweet' 종류를 개발하여 동물 사료나 토양개량을 위한 비료로 재배하기도 하였다. 지금은 다양한 색상의 꽃과 수직으로 힘차게 올라오는 줄기가 아름다워 정원사들의 사랑을 받고 있다.

넓은 잔디밭에 나선형의 문양을 넣었다. 루시에게 저 문양이 어떤 의미가 있느냐 물었다. 루시는 웃으며 아무 뜻도 없단다. 그 문양은 딸이 어릴 때 아빠가 잔디를 깎으면 그 뒤를 졸졸 따라다니며 깎인 부분만 뛰어 다녔단다. 그때부터 아빠는 딸을 위해 재미있는 문양을 만들어 놓았단다. 이제는 딸이 더 이상 잔디 깎는 아빠를 따라다니지 않지만 아직도 아빠는 그 문양을 만들어 놓고 있단다.

식당 앞 테라스에 야외 의자와 식탁이 있고 큰 나무 아래 넉넉하게 자리 잡았다. 요즘은 정원의 테라스를 야외 거실로 사용하는 것보다 식당 앞에 두어 야외 식당으로 사용하는 경우가 많은 것 같다. 실내에서도 부엌과 식당이 점점 더 중요한 공간으로 바뀐다 하는데 아마 이와 비슷한 경향인 듯하다. 사진을 찍으려니 루시가 화분에 있는 바질(Basil) 잎을 따고 있다. 점심 요리에 몇 장 쓰려나 보다.

테라스에서 멀리 초원과 요트들이 정박해 있는 작은 만을 내려다볼 수 있다. 예전에는 담이 있었는데 전망을 위해 헐었단다. 탁 트인 시야가 멀리까지 보여서 좋다. 그 전망을 감상할 수 있게 긴 의자가 있다. 의자 뒤로 보라색 붓꽃과 초롱꽃이 다소곳하다. 정원에서 의자를 만나면 앉아 보아야 한다. 그곳에서 또 다른 풍경이 만들어지기 때문이다.

주택과 창고 사이에 길이 있고 뒤편으로 수영장이 있다. 수영장 주변에 카페가 있다. 옛날에 창고로 쓰던 건물의 한 쪽 벽을 오픈하여 처마 밑에 간판을 달아 놓았다. 긴 테이블과 의자들이 있고 작은 칠판에 음료수 가격을 적어 놓은 것으로 보아서 정원을 개방할 때 이곳에서 방문객들에게 커피와 티 그리고 케이크를 팔았나 보다.

수영장 옆으로 담을 따라 긴 화단에 디기탈리스(Digitalis) 꽃이 피기 시작한다. 디기탈리스는 속명이며 라틴어 'digitus(장갑의 손가락)'에서 유래한다. 꽃은 곧은 줄기에 차례로 달리고 골무 모양이며 거꾸로 매달린다. 그래서 별명도 '요정의 골무', '마녀의 장갑'이다. 영명은 폭스글로브(Foxglove)이다. 요정, 마녀 그리고 여우에 무슨 연관관계가 있는지 모르겠지만 그 꽃 모양은 골무에 가깝다. 화려한 꽃 색깔과 독특한 형태로 정원에 많이 심으며 약초로도 쓰인다.

디기탈리스의 잎은 18세기부터 서양의학에서 심장 질환이나 신경 안정을 위한 약으로 사용하였다. 빈센트 반 고흐는 지금 오르세 미술관에 전시되어 있는 <폴 가셰 박사(Le Docteur Paul Gachet)>의 초상화에 이 식물을 그렸다. 그는 말년에 파리 근교 오베르 쉬르 우아즈(Auvers-sur-Oise)에 살았으며 그곳에서 가셰 박사를 만났다. 그는 고흐의 친구이자 주치의이었다. 그림 속에서 가셰 박사는 노란색 꽃이 달린 마른 디기탈리스를 손에 들고 있다. 그는 간질과 정신 질환 등으로 고생하는 고흐에게 디기탈리스를 처방하여 작품 활동을 계속할 수 있게 하였다고 한다.

정원을 한 바퀴 돌고 다시 루시의 식당에 앉았다. 식탁의 붉은 튤립이 분위기를 따뜻하게 만든다. 그녀는 다시 뜨거운 차와 과자를 내어 놓는다. 루시는 이런 날씨에 사진이 잘 안 나올까 봐 우리보다 더 걱정을 한다. 차를 마신 후, 우리는 루시와 함께 옆집으로 향했다.

1 풍성한 나무 그늘 아래 테라스이다. 2 멀리 만이 보인다. 3,4 카페이다. 5 수영장 저편 파잔트 반이 보인다. 6 덩굴장미의 지지선이다. 7 다양한 색깔의 루피너스이다. 8 만을 바라볼 수 있는 장소이다. 9 장미 꽃망울은 머지않아 실내에서 볼 수 있겠다.

2. 11. 모던 디자인의 기하학식 정원
- Pheasant Barn -

옆집의 루시는 우리를 이 정원으로 데려와 인사를 시킨다.

밖에는 비가 부슬부슬 내리고 우리는 일단 집안으로 안내되었다. 그런데 폴과 수 봐이트(Paul & Sue Vaight) 부부는 실내에서 신발을 벗고 있다. 우선 같은 습관을 갖고 있다는 것이 나를 편하게 만든다. 우리도 신발을 벗고 안으로 들어갔다.

이 건물은 교회의 십일조 곡물을 저장하는 창고였다. 실내는 창고의 겉모습과는 다르게 깔끔하고 모던한 스타일이다. 창고의 높은 천장을 그대로 살려 복층으로 꾸몄다. 그리고 단아하고 현대적인 분위기의 가구들을 최소한으로 배치하였다. 높고 넓은 공간을 최대한 활용하여 창을 크게 만들었다. 이층 높이의 통 창은 정원을 향하고 그 반대쪽에 1층 높이의 창을 통해서 언덕 아래로 펼쳐지는 초원과 선착장이 보인다. 그 가운데 서니 마치 들판에 서있는 듯하다.

주방 앞에서 거실 쪽으로 긴 테이블이 있다. 그리고 그 테이블 위에 한자로 쓰인 '일본어 독해'라는 책이 보인다. 내가 책 제목을 영어로 읽으니 폴은 나에게 일본어를 할 줄 아느냐 묻는다. 나는 이 글씨는 중국의 한자이고 한국, 중국 그리고 일본이 다르게 발음하지만 그 뜻은 거의 비슷하게 사용하고 있어 이해할 수 있다고 하였다. 옆에서 이수는 폴을 향해 손사래를 친다. 그는 모른다는 이야기이다. 나는 어리둥절하고 있는 폴과 수에게 부가 설명이 필요하였다. 한자는 유럽의 라틴어 같아서 학교 때 배우긴 하지만 필요한 분야가 아닌 사람은 거의 잊어버린다. 특히 요즘 젊은이들은 거의 모른다고 설명해 주었다.

폴은 일본어 공부를 하고 있을 정도이니 아마 부부는 일본 문화를 무척 좋아하나 보다. 이들은 자주 일본 여행을 하며 일본 도자기에 관심이 많다고 한다. 그리고 집안에 전시되어 있는 일본 도자기들을 보여준다. 그중에 이름은 기억나지 않지만 한국 작가의 도자기도 있었다.

비가 뜸해져 정원으로 나갔다.

정원은 독특한 디자인으로 깔끔하게 정돈되어 있다. 한눈에 보아도 지금까지 보아온 영국 정원과는 사뭇 다른 정원 양식이다. 부부가 일본 문화를 좋아 한다는 이유 때문인지 얼핏 느끼기에 일본의 정원 양식 중에 하나인 가레산스이(枯山水) 정원에서 영향을 받은 것 같다.

가레산스이 정원은 돌, 모래, 이끼 등으로 산수의 풍경을 표현하는 정원 양식이다. 흰모래나 작은 돌을 깔아 문양을 만들어 물의 흐름을 표현한다거나 다리가 놓여 있으면 그 아래를 물로 상상한다. 12세기 말, 선종이 중국에서 일본으로 전해지면서 사원의 건축 양식도 함께 전해진다. 이 정원 양식은 무로마치 시대의 선종 사원에서 시작하여 발달한다. 대표적인 정원은 교토의 료안지(龍安寺)이다.

가레산스이 정원은 상징적이면서도 추상적인 정원 양식이라고

할 수 있다. 이는 단순함과 간결함을 추구하는 현대의 미니멀리즘(Minimalism)과 맞물려 미술뿐 아니라 건축과 생활양식에도 영향을 미친다. 특히, 19세기 말 일본 문화가 자포니즘(Japonism)이라는 이름으로 유럽에 소개되면서 유럽인들의 많은 사랑을 받게 된다.

나는 직업병처럼 부부에게 정원 디자이너가 누구냐고 물었다. 그들은 스스로를 가리키며 부부가 함께 디자인하였다고 한다. 16년 전 이 창고를 구입하여 실내를 대대적으로 개조하느라 3년 동안 건축가와 많은 상담과 고민을 하였다. 그리고 그 과정에서 자연스럽게 디자인의 접근 방법을 배웠다. 그리고 정원 디자인의 개념은 실내의 다이내믹한 선과 주변의 경작지를 모티브로 잡았다. 그리고 정원 식물은 벌이 좋아하는 밀원식물(蜜源植物)로 하였다.

부인이 모티브로 잡았다는 경작지는 정원에 시원스럽게 밭고랑으로 연출되었다. 그 밭고랑은 주택의 벽면과 40도 정도의 비스듬한 각도로 정원을 가로지른다. 그리고 아직 꽃망울만 잡힌 라벤더와 로즈마리가 나란히 줄을 맞추고 있고 그 사이 작은 자갈이 넉넉한 폭으로 깔려 있다. 이들이 여러 줄의 긴 줄무늬를 만들고 있다.

밭고랑의 줄무늬와 각도가 다른 두 줄의 두꺼운 널판이 주택 옆 테라스에서 정원 가운데까지 걸쳐 있다. 마치 자갈밭은 강물 인양 보이고 목재 널판은 그 위를 건너가는 다리 같다. 이 널판은 재활용 용품이다. 주변 개울의 습지에서 징검다리로 이용하던 것을 폐기할 때 가져온 것이라 더욱 제격인 듯하다. 그리고 다리는 중간에서 한 번 꺾이어 또 다른 시야로 정원을 바라볼 수 있게 한다.

1 마름모꼴의 아주 긴 테이블이다. **2** 높은 천장을 이용하여 복층 구조를 만들었다. **3,4** 각도를 틀어 정원을 감상할 수 있는 다리이다. **5** 자작나무가 있는 데크를 야외 식당으로 사용한다. **6** 거실의 높은 창을 통해 정원의 다이내믹한 선이 보인다.

1

entrance
vegetable garden
gravel garden
hop-pole walk
diagonal garden
water feature
spiral garden
fish pond garden
blackthorn grove
birch grove
drive
grass paths to wildflowers and orchard
path to parterre
deck
house
steep path to labyrinth
deck
parterre

2

3

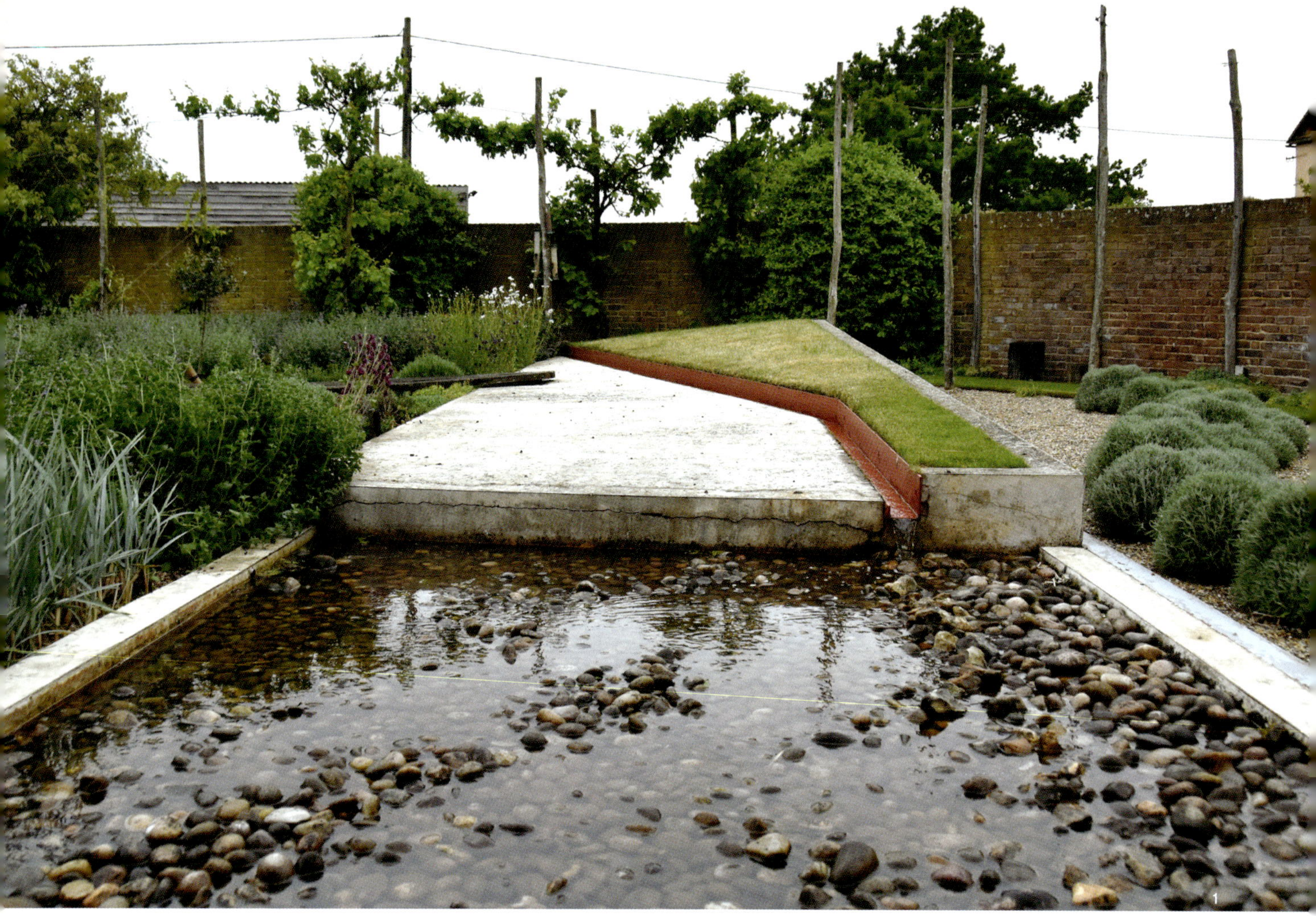

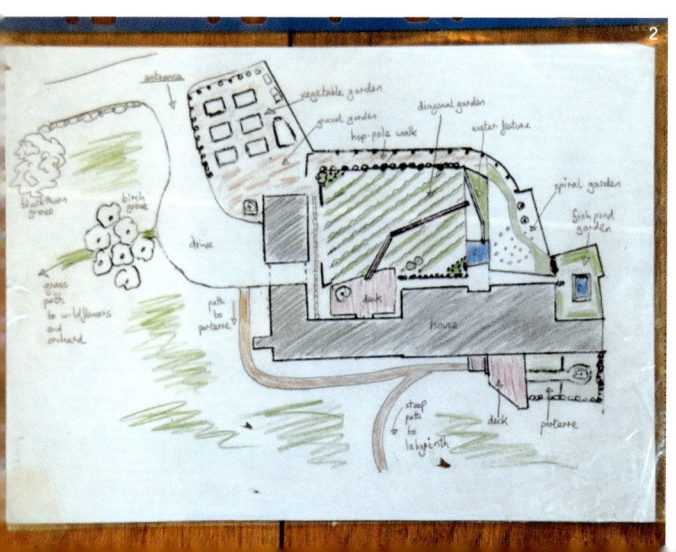

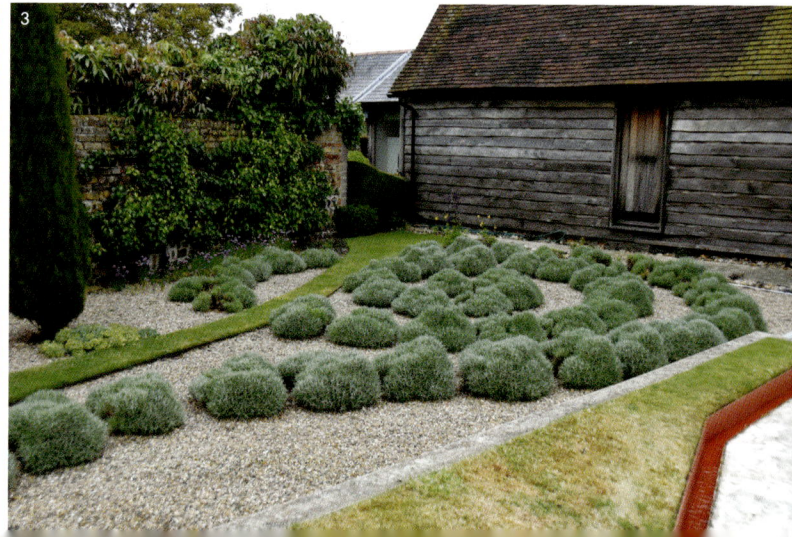

다리 끝은 콘크리트로 포장된 곳에 다다른다. 이곳을 땅 가름한 선은 정녕 실내의 다이내믹한 선이 연장된 듯하다. 이곳은 포장과 잔디밭으로 면 나누기를 하였다. 나누는 선은 중간에서 한 번 꺾이었는데 그 각도는 다리에서 꺾어진 그 각도를 이용하였다. 포장과 잔디로 덮인 두 면은 단순한 회색과 초록색의 대비를 만든다. 그리고 그 경계는 코르텐 스틸(내후성 강판-부식이나 마모에 강함)로 접어서 수로를 만들어 물이 흐른다. 그 수로는 거실의 통 창 앞으로 흘러서 굵은 자갈이 깔린 수조에 다다른다. 수면은 자갈이 잠길 듯 말 듯한 높이로 유지하였다. 그러면 새들이 물을 마시러 온단다.

폴과 수의 정원 디자인 설명이 명쾌하다. 그들은 정원에 대하여 확실한 디자인 개념을 갖고 시작한 듯하다. 그리고 그 개념을 오래된 농가에서 기하학적으로 모던하게 풀어 나갔다.

이렇게 되면 전공이 무엇이냐고 물어 보고 싶지만 이 정도의 디자인을 해냈으면 이미 전문 디자이너로 인정해야 할 것 같다. 수가 자신이 그렸다며 보여주었던 엉성하게 그린 설계도가 푸릇푸릇 살아 움직이는 것 같다. 나는 어눌한(?) 설계도가 이렇게 생생하고 훌륭하게 펼쳐질 줄은 몰랐다. 그리고 그 속에 담긴 그들의 노고가 짐작된다. 얼마나 많은 정원을 방문하고 얼마나 많은 이야기를 나누었을지 상상할 수 있다.

문득 내가 심사하였던 정원 디자인 도면들이 생각난다. 나는 이런저런 단체에서 주최하는 정원 디자인 응모에 심사를 많이 하였다. 그때 내가 찾아 내지 못한 이런 도면들이 있었을 텐데 나의 미숙함으로 채택되지 못한 디자인이 있으리라. 그들이 만들어낼 수 있는 아름다운 정원을 단순히 종이 위에 그려놓은 표현 능력을 기준으로 평가하여 아깝게 놓쳐 버리진 않았을지 모르겠다.

1 물은 철판을 접어 만든 수로를 지나 큰 자갈이 깔려 있는 낮은 수조로 흐른다. 2 수 봐이트가 그린 정원 설계도이다. 3 나선형으로 로즈마리를 한 포기씩 심어 조형 식재를 하였다. 4 키가 큰 화분이다. 5 연못가에 파도 형태의 토피어리가 있다.

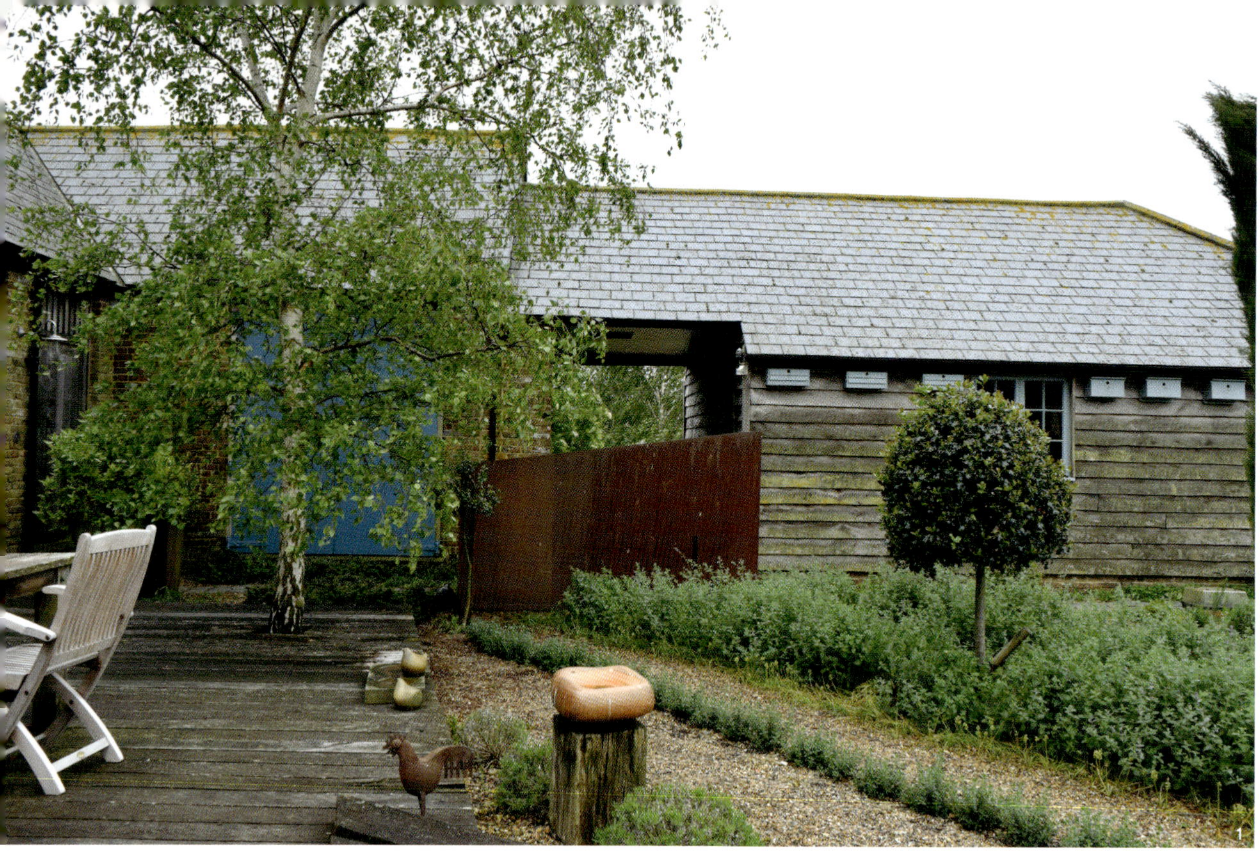
1

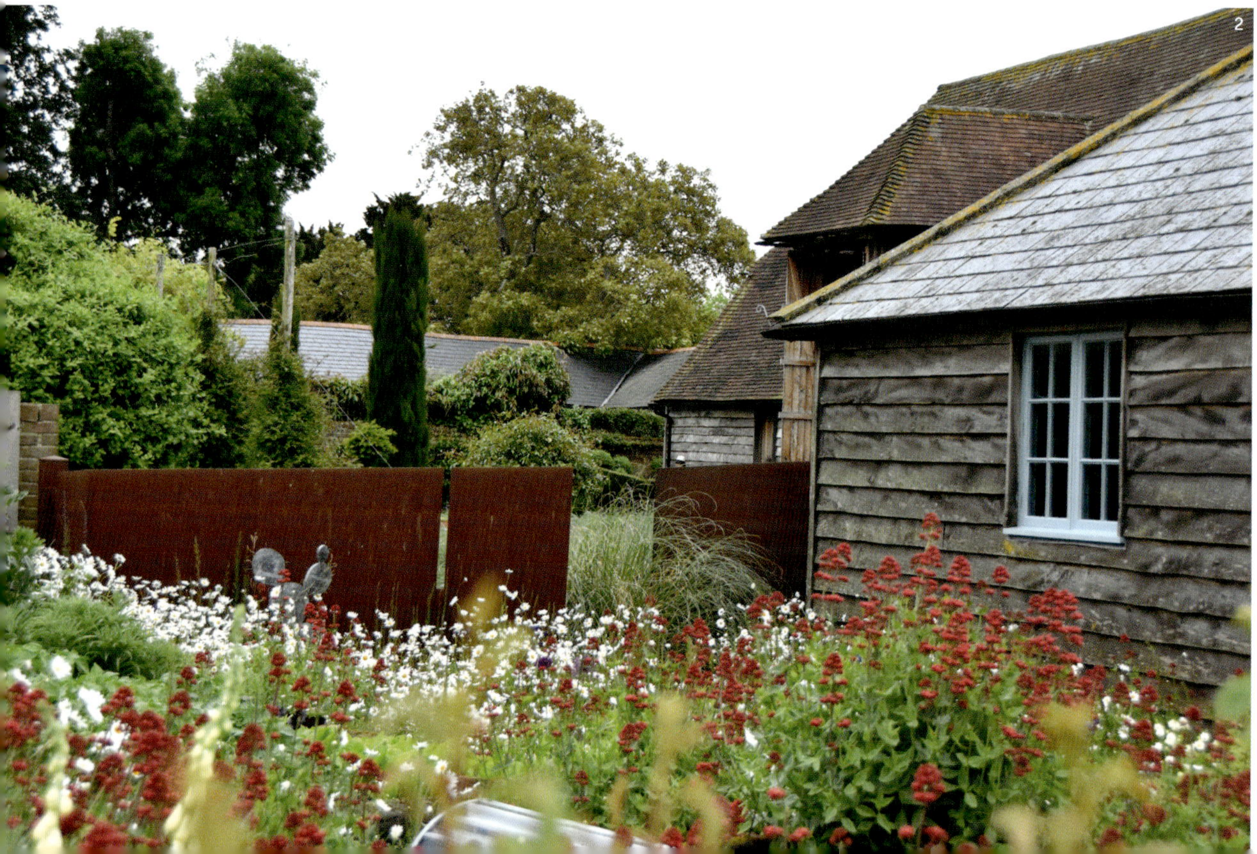
2

폴의 손에 무엇인가 들려있다. 그리고 그는 성큼성큼 앞장선다. 정원 끝 깊숙한 부분에 연못이 있다. 그곳은 주택 안에서는 서재의 큰 창으로 내다보이는 곳이다. 크기는 5m x 8m 정도인데 두 면이 담으로 둘러싸여 있어 세 면이 벽을 이루는 비밀스러운 정원이다. 폴의 손에 있던 것은 물고기의 먹이였다. 그는 방문객이 오면 특식을 준다며 물고기를 자랑하고 있다. 벽면을 타고 오르는 노란 덩굴장미가 흐린 날씨에 더욱 선명하게 보인다. 그리고 주변의 상록수들은 겨울철 연못 주위를 생동감 있게 만들 것이다.

그리고 그 담 너머는 루시네 정원이다.
하나의 농장이 농가 건물과 창고 건물로 따로따로 나뉘어져 두 집이 되었고 두 정원을 이루었다. 두 정원은 모두 현대적으로 꾸며졌는데 그 양식이 사뭇 다르다. 루시의 정원은 영국의 자연 풍경식 정원을 재해석하여 발전시켰다면 폴의 정원은 프랑스의 기하학식 정원을 현대적인 분위기로 풀어 나갔다.

훌륭하게 꾸며진 두 정원은 NGS 기부행사에 참여하고 있다. 이들은 개방 일을 늘 같은 날로 맞추고 있다. 특히, 정원 디자인에 관심이 있는 사람이라면 두 정원 스타일에 확연한 차이가 있어 꽤 흥미로운 비교가 될 듯하다.

1 대문은 따로 없고 건물 사이로 들어오면 코르텐 스틸판이 정원을 한눈에 보여주지 않으며 현관 쪽으로 방향을 틀게 한다. 2 주변의 울타리를 같은 철판을 이용해 조형적으로 처리하였다. 3 금붕어를 키우는 연못에 자갈로 만든 나선형의 조각품이 수면 위에 있다. 4 철평석을 켜켜이 쌓아 만든 화분과 세덤류는 예술품이다.

2. 12. 비타의 첫사랑이 담긴 정원
- Long Barn -

영국의 정원 잡지(Gardens Illustrated, 2015년 5월호)에 이곳의 정원이 '비타 색빌-웨스트의 첫사랑'이란 제목으로 소개되었다.

이번 여정에서 시씽 허스트 정원을 만들 수 있게 해준 비타의 첫사랑인 롱 반 정원(Long Barn Garden)을 놓칠 수는 없었다. 잡지에 있는 주소로 메일을 보냈다. 하지만 요즘은 NGS의 기부 행사나 일반인에게 정원을 개방하지 않는다는 답변이 왔다. 그래서 조금 길게 메일을 다시 보냈다. 나는 유럽의 주택 정원을 한국의 정원 마니아들에게 소개하는 책을 쓰고 있으며 당신의 정원을 꼭 소개하고 싶다고 하였다.

이 정원은 1915년 비타 색빌 웨스트(Vita Sackville-West)와 그녀의 남편 헤롤드 니콜슨(Harold Nicolson)이 이곳으로 이사 오면서 시작된다. 이곳은 비타가 유년 시절에 살았던 켄트 지방의 놀(Knole House)에서 조금 떨어진 곳에 있는 농원이었다. 주택은 1390년에 지어진 나무 골조에 회반죽으로 메운 하프팀버(Half timber)식 목조 주택이며 농부들의 숙소이었다. 19세기 증축을 하면서 길게 헛간(Barn)을 덧붙여 지어 롱 반(Long Barn)이라는 주택 이름이 붙었다.

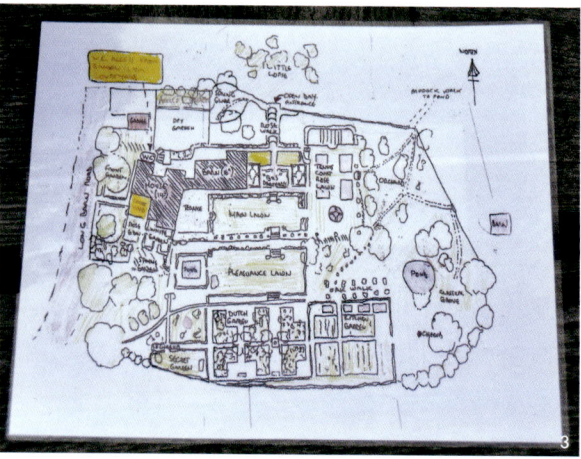

또한 이 주택은 Grade II로 등록되어 있으며 문화재로 제일 높은 단계로 보존되고 있다. 영국은 특별한 건축물 또는 역사적 중요성이 인정되는 건물을 등록하여 그 건물을 파손하거나 변경하는 것을 법적으로 금지하고 있다. 그 중요도에 따라 Grade I, Grade II* 그리고 Grade II로 구분한다.

이곳에서 비타와 헤롤드는 정원을 방의 개념으로 구획하고 각 방의 특성에 따라 다양한 초화류를 식재하는 방법으로 정원을 디자인하였다. 그리고 1930년 그들은 시씽 허스트로 이사를 가며 그곳에 더욱 발전된 모습의 정원을 만들어 나간다. 그래서 롱 반의 정원은 시씽 허스트의 자매 정원이라는 별명도 있다.

어렵게 약속을 잡은 곳이라 늦지 않게 조금 일찍 나섰다. 하지만 가는 길은 좁고 구불구불한 시골길이라 반대쪽에서 자동차라도 오면 비켜서 있거나 백미러가 주변의 잡목들을 스치고 지나가야 한다. 우리는 겨우 약속 시간에 도착하여 정원 주인 레베카 레모니우스(Rebecca Lemonius)를 만났다.

나는 레베카와 테라스에 앉았다. 정원은 잡지에서 본 모습보다 훨씬 아름다웠다. 일반적으로 사진은 실물보다 일종의 액자 효과로 더 아름답게 보이곤 하는데 이 정원만큼은 아닌 것 같다. 오래된 목조 주택을 지탱해온 세월만큼이나 정원에 세월의 향이 짙게 배어 있는 듯하다.

그녀는 9년 전 이 집으로 이사 왔다. 그녀는 왜 이렇게 유명한 집을 샀느냐는 나의 질문에 이웃에 살면서 늘 이 집과 정원에 관심이 있었단다. 그리고 그녀도 비타처럼 이 정원과 사랑에 빠졌다며 내가 메일에 비타의 첫사랑 정원이라서 꼭 보고 싶다고 한 말을 빗대어 말하며 웃는다.

그녀는 자신이 그렸다는 평면도를 보여주며 정원의 구성을 자세히 설명해 준다. 그리고 이 정원에서 지냈던 비타의 오래된 사진도 가져 나온다. 그런데 사진을 건네는 손이 정원사의 손은 아닌 듯싶다. 나는 그녀에게 취미가 가드닝은 아닌 것 같다고 하니, 그녀는 맞는다며 자신은 정원사는 아니라 한다.

1 초기에 지은 건물로 지금은 사용하지 않는 문이다. 2 비타 색빌 웨스트의 오래된 사진이다. 3 배치도 4 외교관이었던 그녀의 남편 헤롤드 니콜슨이다. 5 돌담 위에서 꽃을 피우고 있는 제라늄이다. 6 노란 장미는 주택의 이층 높이를 넘어가고 있다. 7 창틀 아래 푸른 꽃 빈카가 피어있다.

그녀는 정원에 대해 배우고 있긴 하지만 열심히 하진 못한다고 한다. 정원 책이나 잡지를 통해 배우며 그레이트 딕스터 정원(Great Dixter Garden)에서 열리는 하루짜리 정원사 수업을 몇 번 들었을 정도라 한다. 하지만 이곳의 정원사나 이 정원을 방문하는 마니아들로부터 더 많은 정보를 배울 수 있다고 한다. 현재 이 정원의 정원사는 3명이며 한 사람은 고정직으로 일하고 두 사람은 필요할 때마다 부르고 있다. 정원을 둘러보니 오늘은 3명이 모두 일하고 있는 날이었다.

롱 반의 부지 면적은 정원이 3에이커 정도이며 주변으로 초지가 4에이커 정도이다. 전체 부지는 북쪽에서 남쪽으로 완만한 경사를 이루고 있다. 정원은 이 경사를 서너 단으로 나누었다. 각 단을 정형식 정원(Formal Garden) 양식으로 꾸민 이탈리아의 노단식 정원 형태이다. 정원이 아주 넓은 것은 아니지만 나는 그녀가 준 정원 지도를 보며 정원 여행을 시작한다. 방의 개념으로 구획을 나눈 정원은 자칫하면 한두 방을 못 보는 경우가 있기 때문이다.

테라스에서 나와 제일 위쪽의 장미 길(Rose Walk)부터 시작하였다. 오래된 담 위에 제라늄 꽃이 나를 반긴다. 보통 창틀에 놓인 제라늄 화분은 유럽의 작은 마을을 예쁘게 단장하는 꽃이기도 하다. 그리고 회양목 자수화단(Box parterre)이다. 그곳에서 네덜란드 정원(Dutch Garden)까지 한눈에 내려다보인다. 중앙 잔디밭(Main Lawn)에 횡으로 식재된 주목이 조금 무거워 보인다. 이 정원에 가장 잘 어울리는 주목의 크기를 혼자서 가늠해 본다.

멀리 시선이 닿는 곳에 영국 정원에서 자주 볼 수 있는 루티엔스의 긴 등의자가 있다. 영국의 유명한 건축가이자 이 의자를 디자인한 에드윈 루티엔스(Edwin Lutyens)는 헤롤드의 친구였으며 그는 이곳에 있는 네덜란드 정원의 디자인을 도왔다 한다.

1 장미 길에서 내려다 본 정교한 문양의 자수화단과 주목이다. 2 네덜란드 정원에서 바라본 주택과 정원의 전경이다. 3 돌 화분에 심은 빨간색 튤립이 정원을 화사하게 장식하고 있다. 4 주택의 증축한 부분이다. 5 제일 아랫단의 네덜란드 정원에 자리한 루티엔스 의사이나.

그곳까지 내려가 왼쪽에 있는 또 다른 방인 채소원으로 들어갔다. 정원사가 일을 하다가 나를 보고 놀란다. 나도 그를 발견하고 놀랐다. 관람객이 없는 개인 정원에서 각 공간이 방으로 구성되어 있어 가끔 일어나는 일이다. 그는 채소밭의 보호망을 따라 길게 잔디를 걷어내고 있다. 아니 파내고 있다고 해야 맞을 듯하다. 무슨 일이냐 물으니 잔디가 채소밭으로 퍼져 들어가지 않게 하기 위해서라고 한다. 정원에서 잔디와 화단의 경계 엣지도 중요하지만 채소밭도 마찬가지이다. 경계를 10cm 정도 띠워 놓으면 잔디 깎기도 편리하고 잔디의 지하경이 채소밭 안으로 들어가는 것을 막을 수 있다. 채소원 안에는 정갈하게 정돈된 온실이 두 동이 있다.

울타리 쳐진 채소원을 나오니 온통 초록빛의 숲이 나온다. 그곳에 작은 연못이 숲의 분위기를 완성하고 있다. 그리고 쉼의 이미지를 담은 등의자가 연못 주위에서 조각처럼 놓여 있다. 이런 의자는 앉지 않고 보기만 해도 편안한 느낌이 든다. 그리고 그 숲과 연계되어 과수원이 있다. 사과, 배, 자두, 그린게이지 자두, 호두나무 등 다양한 과실수가 필요한 만큼 몇 그루씩 심겨 있는 작은 과수원이다.

과수원을 지나 테니스 코트가 있었던 잔디밭을 지나니 다시 테라스로 돌아온다. 오래된 건물 앞 좁은 화단에는 아이리스의 흰 꽃이 피어있고 벽을 타고 올라가는 줄장미의 꽃 색도 하얀색이다. 그 옛날 농부들이 머물던 숙소라는 이야기와 흰색이 갖고 있는 순수함이 묘한 조화를 느끼게 한다.

테라스에서는 대부분의 정원이 한눈에 내려다보인다. 그리고 나는 레베카가 꼭 이 정원을 원했던 이유를 곰곰이 생각해 본다. 내가 본 잡지의 취재 기자는 그녀가 이 정원을 사랑하게 된 이유를 알아냈을까? 레베카의 말에 의하면 그 기자는 기사를 쓰기 위해 사진사와 함께 이 정원에서 5일을 머물렀다고 한다. 하지만 하루도 아닌 2시간 정도의 방문과 다른 문화권에서 생활한 내가 레베카의 정원에 대한 사랑의 깊이를 이해한다는 것은 아마 불가능한 일이리라. 그냥 나는 이 아름다운 정원을 둘러보고 내 나름대로 느끼고 이해하면서 정원을 나온다.

1 채소원의 온실이다. 2 과수원이 시작되는 곳에 연못이 있다. 3 과수원으로 가는 길이다. 4 지난날 농부들의 기숙사 부분이다. 5,6 군데군데 조각품이 있다. 7,8 개망초의 일종인 잔잔한 꽃들이 계단과 돌담 사이에서 화사하다. 9 장미 길에서 외부로 나가는 작은 문은 띠철로 만들은 단아한 디자인이다.

TIP 3

화단의 경계

정원사는 정원에 잔디밭, 길 그리고 화단을 구분해 놓는다.
이들 사이의 경계는 잔디면과 화단이 접하는 경우, 잔디면과 포장면이 접하는 경우 그리고 화단과 포장면이 접하는 경우가 있다. 또한 화단 내에 초화류의 혼합 식재를 효율적으로 관리하기 위하여 적당한 경계를 두어 구분할 필요가 있다.

하지만 초화류들은 그 구분을 넘나든다. 특히 잡초들은 화단, 채소밭을 가리지 않고 전방위로 침투해 들어온다. 잡초뿐만 아니라 화단 내의 품종별로 우성종의 경쟁도 치열하다. 특히 잔디는 피복형 식물로 번식력이 강하다. 더욱이 한국 잔디의 경우 뿌리가 지하경과 줄기를 이용한 포복경으로 번식하여 웬만한 길이나 화단은 뿌리를 이용해 넘어갈 수 있다.

채소원의 경우는 화단의 경계를 두어 채소밭에 배양토를 주변 토양과 분리시킬 수 있는 역할을 한다. 또한 통행로를 분리하여 효과적인 관수에도 도움이 된다.

이들을 어떻게 적절한 방법으로 경계를 주느냐가 정원사의 큰 고민거리이다.
정원에서 말끔하게 잔디나 화단을 관리하고 채소원의 효율적인 관리를 위하여서는 다음과 같은 방법으로 화단의 경계를 마무리할 수 있다.

1. 간격 띄우기

화단과 잔디밭의 경계를 따라 10cm 정도의 깊이와 15~20cm 정도의 폭으로 판다. 잔디 깎는 기계의 바퀴가 지나갈 수 있어 잔디 깎는 마무리 작업이 수월해 지며 그 사이에 잔디와 같은 높이로 쇄석을 채우면 배수로 역할을 겸하게 할 수 있다.

TIP 3

2. 판재 경계

두께 9mm 이상의 판재를 사용한다. 높이는 화단의 종류에 따라 다르나 12cm 이상을 사용하며 경계를 따라 흙을 파고 판재를 세워서 묻는다. 이 때 2/3 이상이 흙에 묻혀야 판재가 흔들리지 않는다. 채소원의 경우 화단 내 배양토의 유지를 위해 사용하기도 한다.

3. 벽돌이나 판석 경계

다양한 벽돌이나 석재를 이용하여 경계를 만든다. 재료의 규격이나 필요에 따라 여러 장을 이용하면 폭을 결정할 수 있어 소로로 활용할 수 있다. 적당한 간격을 유지할 수 있어 1번과 같은 효과를 얻을 수 있다.

4. 가든 엣지 또는 그린 엣지

알루미늄이나 플라스틱 재질로 다양한 제품이 나온다. 플라스틱 제품은 유연성이 있어 자유로운 곡선 부분에 사용 할 수 있다. 또한 화단 내에 초화류의 식재 구역을 구분하는 경계로도 사용한다. 이 제품들은 연질의 재료로 잘라서 사용할 수 있다.

3장 정원 수업이 있는 곳

영국에서는 정원 수업을 누구나 손쉽게 자신이 필요한 부분을 배울 수 있다.

유명한 정원이나 왕립 원예 협회(RHS)의 4대 정원과 파트너 정원에서 식재 디자인 및 정원 가꾸기에 대한 다양한 수업이 현장에서 진행되고 있다.

RHS 위슬리 정원과 사라 레이번 그리고 그레이트 딕스터 정원에서 진행하는 수업을 알아본다.

3.1. RHS 위슬리 정원

위슬리 정원(RHS Wisley Garden)은 RHS에서 직접 운영하는 4곳의 정원 중에 가장 규모가 큰 대표 정원이다. 런던 남부에 있는 서리(Surrey)주의 위슬리(Wisley) 지역에 있다. 2015년 입장객이 백만 명을 넘었으며 영국에서 유료로 입장하는 정원 중, 런던에 있는 큐 가든 다음으로 방문객수가 많다.

이 정원은 1878년 RHS 멤버이었던 죠지 퍼거슨 윌슨(George Ferguson Wilson)과 사업가들이 243,000㎡의 땅을 구입하면서 시작된다. 그는 이곳에 그 당시 유럽에서 유행하던 희귀한 식물 수집을 위하여 오크우드 실험 정원(Oakwood Experimental Garden)을 만들어 식물들을 키우기 시작한다. 1902년 윌슨이 죽고 토마스 헨버리 경(Sir Thomas Hanbury)이 이곳을 사들인다. 그는 이미 이탈리아에 유명한 라 모르톨라(La Mortola)정원을 만들었던 사람이다. 그리고 그는 이곳을 정원으로 꾸며 RHS에 기부하였다.

지금 위슬리 정원은 971,000㎡의 방대한 면적에 정형식 정원, 자연 풍경식 정원, 여러 개의 온실 및 수목원 등이 있어 다양한 종류의 식물과 정원을 전시하고 있다.
그리고 작은 규모의 모델 정원이 있어 방문객이 자신들의 정원에 응용할 수 있도록 보여주고 있다. 그리고 실험정원에서는 새로이 개발된 품종을

평가하기도 하고 부적당한 식물들을 판별하기도 한다. 또한 1907년 시작한 연구소에서는 원예 품종의 개발과 연구 그리고 다양한 실험이 병행되고 있다

하지만 위슬리 정원이 정원사들에게 특별한 관심을 받는 이유는 식물정보와 재배 정보를 제공할 뿐만 아니라 정원사를 위한 가드닝 수업이 있기 때문이다.

위슬리 정원에는 69 종류의 강좌가 있으며 이를 년 중 고르게 106회의 강의로 진행하고 있다. 분야별로 원예(Horticulture) 27 강좌, 정원 디자인(Garden Design) 9 강좌, 정원 소품 만들기(Creative) 23 강좌 그리고 사진 촬영(Photography) 10 강좌가 진행되고 있다. 각 분야의 대표적인 강좌는 다음과 같다.

* 원예 수업
  · 정원수 가지치기
  · 정원수의 병과 해충
  · 과실수 키우기
  · 잔디 관리

* 정원 디자인
  · 정원 디자인을 위한 스케치
  · 화단의 식재 디자인
  · 유명한 정원의 디자인 연구

* 소품 만들기
  · 크리스마스 장식 만들기
  · 수채화로 식물 그리기
  · 버드나무 줄기로 소품 만들기

* 사진 강좌
  · 정원 사진 찍기
  · 식물 사진 찍기
  · 가을 정원의 색상 담기

또한 전문 정원사를 위한 정규 교육과정이 있으며 초등학생과 중 고등학생을 대상으로 하는 다양한 정원 교육을 무료로 시행하고 있다.

위슬리 정원으로 가는 길은 그 명성에 걸맞게 런던 외곽의 순환 고속도로 M25에서부터 표지판이 나온다. 그리고 입구에 있는 주차장은 웬만한 경기장 규모이다. 정원으로 들어서면 정원을 안내하는 배치도가 있다. 여기서 자신의 행로를 결정해야 한다. 너무 넓어서 잘 계획하지 않으면 반도 못 보고 나올 수 있기 때문이다. 길은 평탄한 길과 경사가 있는 길로 나누어 표시되어 있다. 유모차나 휠체어를 타고 이동하는 사람들에게 도로의 경사도를 알려 주는 것이다. 정원 운영진의 세심한 배려가 관람객을 편하게 만든다.

입구에서 오른 쪽 방향을 선택하면 위슬리 정원의 상징인 긴사각형의 연못이 나온다. 연못은 연구소 건물과 연못 끝에 있는 로지아(Loggia:한 쪽 또는 그 이상의 면이 트여 있는 방이나 복도) 사이에 있으며 시원스러운 분수가 높이 솟구친다.

연못의 가장자리 수면에 다양한 수련이 떠있다. 로지아나 연못 주위에 있는 벤치에 앉아 시원한 물소리를 들으며 쉴 수 있다. 로지아 뒤로는 벽으로 둘러싸인 월가든(Wall Garden)이 있다. 기하학적 문양의 사수와난이 있는 정형식 정원이다. 그곳에 잎의 색깔이나 진간을 비교할 수 있게 다양한 호스타가 식재되어 있다. 그곳을 나오면 야생화 정원을 지나 거대한 유리 온실이 나온다.

1

2

이 온실은 RHS의 200주년 기념으로 2005년부터 시작해 2007년 6월에 완공된다. 이 공사는 3,000㎡의 유리 온실과 그 앞의 호수를 조성하는데 £7.7 Million(130억 원)의 비용이 들었다. 온실 내부는 기후대 별로 나누어 사막 기후, 열대 기후, 온대 기후의 세 구역으로 나누어 기후대 별로 다양한 식물들이 자라고 있다.

자칫 삭막할 수 있는 유리 온실은 넓은 호수의 수면과 함께 있어 부담스럽지 않다. 그리고 호수 주변의 식재는 호안을 따라 숙근초를 이용해 자연스러움을 연출하였다. 식재 디자인은 톰 스튜어드 스미스(Tom Stuart-Smith)가 하였다. 그는 1998년부터 첼시 플라워 쇼(Chelsea Flower Show)의 전시 가든에서 6번의 금상을 수상한 경력이 있듯이 영국 최고의 정원 디자이너이다. 계절에 따른 숙근초들의 변화하는 모습은 많은 정원사들에게 혼합 식재의 본보기가 되고 있다.

호수에서 언덕을 오르면서 암석원(Rock Garden)과 고산식물 온실(Alpine Houses)이 있으며 오른쪽으로 채소원이 있다. 채소원에는 '12달의 채소 기르기 달력'이 붙어 있으며 달력에는 씨 뿌리기, 심기, 작업할 일, 미리 준비할 일, 그리고 수확할 채소를 월 별로 정리해 놓았다. 그리고 과수원과 실험원(Trials Field)이 그 뒤로 넓게 자리한다.

이 실험원은 RHS로부터 AGM(Award of Garden Merit)이라는 우수한 정원식물로 인정받은 품종을 재배하고 일반인들에게 소개하는 곳이다. 그리고 이 새로운 품종을 육성하고 번식하여 영국 전역에 보급하는 중요한 역할을 하는 곳이다.

1 대형 화분은 식재와 더불어 조형물이 된다. 2 넓은 호수에 걸쳐 어우러지는 대형 유리 온실이다. 3 넓은 실험원에서 수확하기 편리하게 과실수를 수직으로 키우고 있다. 4 다양한 채소들이 실험 재배되고 있다. 5 채소원에 있는 <12달의 채소 기르기 달력>이다.

위슬리 정원에서 나오면 왼쪽으로 식물 센터(Plant Centre)가 있다. 보통은 Plant Nursery 또는 Garden Centre라고 붙어 있는데 이곳은 두 단어를 합해 놓았다. 전자는 식물을 키우고 양묘한 모종을 파는 농원이고 후자는 공구, 비료, 정원 소품, 정원수 등 정원 가꾸기에 필요한 모든 물건들을 파는 가든 센터이다. 그런데 이곳은 두 역할을 다하고 있어서 그런가 보다.

위슬리 식물 센터는 12,000여 종의 식물을 판매하고 있으며 최상의 품질로 영국에서도 최고라고 할 수 있다. 품질뿐 아니라 전시 및 꽃 색에 맞춘 다양한 색상의 포트도 재미있다. 아마 새로운 품종에 관심이 있는 정원사라면 이곳에서 서너 시간은 훌쩍 보낼 수 있을 것이다. 나도 몇몇 식물이 탐났지만 뿌리가 있는 식물은 세관을 통과하기 어려워 어쩔 수 없이 지인들을 위한 모종삽 몇 개만을 집어 들었다.

BLOOMS

Nemesia

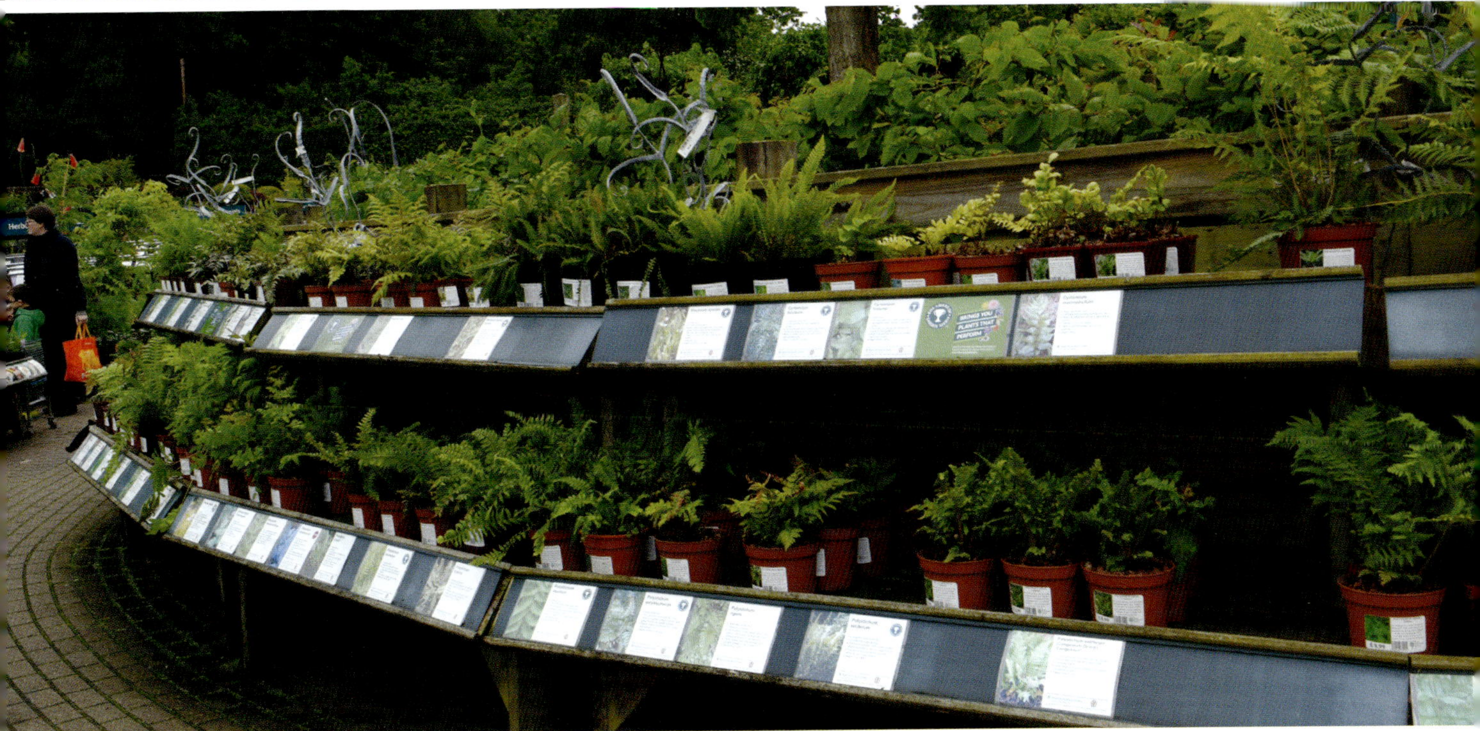

Charming

Royalty

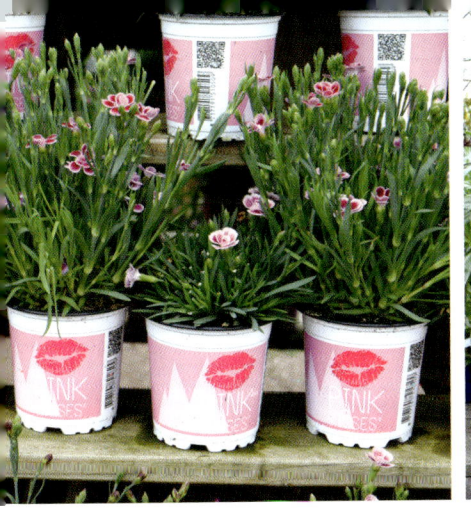

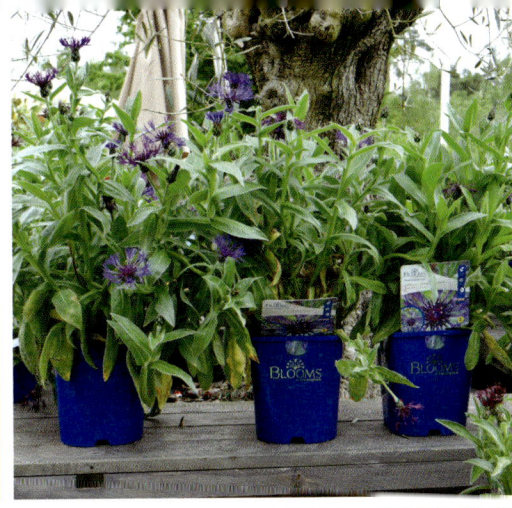

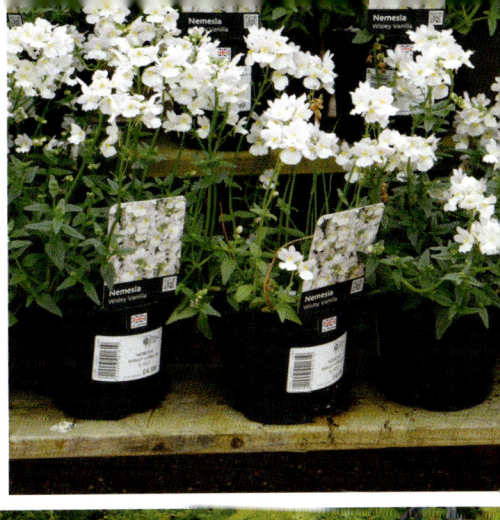

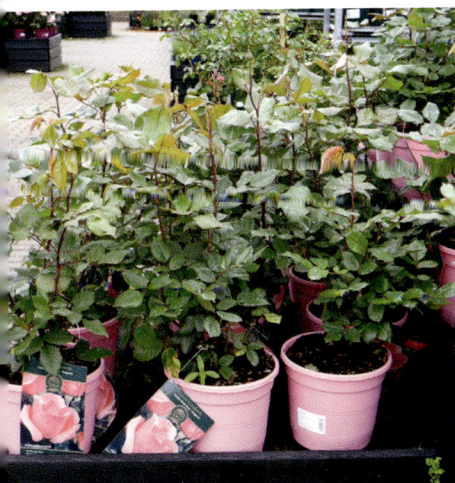

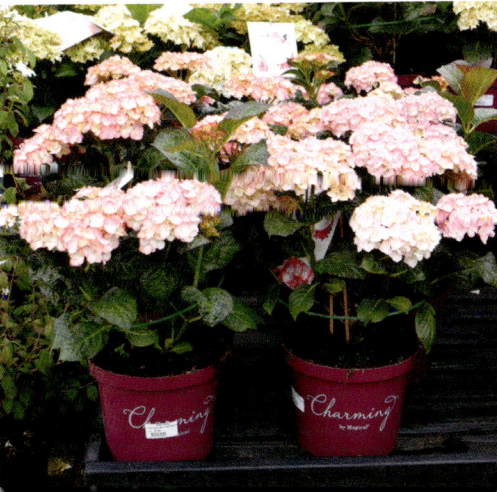

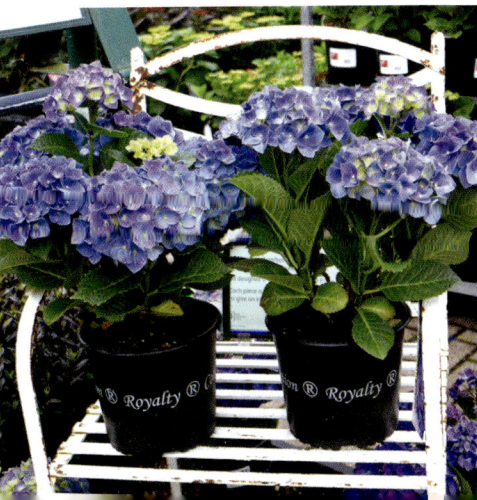

방대한 위슬리 정원은 나에게 인위적이고 인간의 의도에 따라 만들어지는 정원도 자연의 일부가 될 수 있다는 것을 다시 한 번 느끼게 한다. 넓은 부지에 영국의 전통적인 자연 풍경식 정원이 들어 있고 그 속에 재배원, 과수원 그리고 모던하게 꾸민 정원들이 자연스럽게 함께하고 있었다. 그리고 다 같이 어우러져 자연이다.

그리고 위슬리 정원에는 넓은 잔디밭에 유모차를 끌고 산책 나온 사람들, 카페나 레스토랑으로 차나 식사를 하러 오는 사람들 그리고 벤치에 앉아 책을 읽는 사람들이 여유로운 시간을 보내고 있다. 영국 사람들에게 위슬리 정원은 한 나절의 소풍을 위한 곳이며 일상의 즐거움을 누릴 수 있는 곳이었다.

에피소드 3

정원에 도서관이 있다.
- Lindley Library -

영국의 왕립원예협회(RHS)는 원예와 정원에 관한 전문 도서관을 갖고 있다. 가장 큰 곳은 런던에 있는 린들리 도서관(Lindley Library)이다. 린들리는 영국의 유명한 식물학자 죤 린들리(John Lindley: 1799-1865)를 기념한다. 그리고 RHS가 직접 운영하는 4곳의 정원에 2곳은 도서관 그리고 2곳은 도서실이 있다.

이번에 나는 RHS 위슬리 정원에 있는 도서관에서 마지막 3일 동안 출근(?) 할 계획을 하고 떠났다. 취재 일정을 마치고 사진을 찍는 이수는 귀국하고 나는 아예 이 정원 앞에 호텔을 잡았다. 아침에 느긋이 일어나 호텔에서 주는 영국식 블랙퍼스트를 먹고 도서관에만 가면 된다. 이 스케줄은 그동안 하루에 여러 정원을 사진 찍고 인터뷰하며 바쁘게 돌아다녔던 피곤한 여독을 풀어 주기에 충분하였다.

도서관은 개방식 서가이고 창문 쪽으로 책상들이 놓여 있다. 서가에서 책을 뽑아 자유롭게 읽을 수 있다. 여기는 오로지 정원에 관한 책만 있다. 예상은 했지만 이렇게 많은 양의 책이 출판되었다는 것이 놀랍다. 나는 이 책, 저 책을 뽑아 표지와 목차 정도만 훑어보고 있었다.

하루, 이틀 그리고 삼일 째 되던 날 나를 유심히 보던 사서가 다가와 이야기를 건넨다. 어디서 왔느냐?, 어느 분야에 관심이 있는가?, 도와줄 일은 없느냐? 등이다. 나는 영국의 주택 정원에 대하여 책을 쓰려고 하고 있으며 이미 독일과 프랑스에 대한 2권의 책을 썼다고 하였다.

그리고 마침 노트북 가방에 있었던 <유럽의 주택 정원 2>를 보여 주었다. 안타깝게도 책 제목과 저자 이름 등이 한글로 만 쓰여 있다. 하지만 그녀는 내용에 가끔 영어나 프랑스어 원문이 나오고, 책 속에 있는 우수 정원은 그녀도 잘 아는 정원들이라 그런지 열심히 보고 있다.

그리고 그녀는 조심스럽게 이 책을 이곳 도서관에 기증할 수 있느냐는 것이다. 나는 내일 귀국할 예정이고 여행 가방 무게도 줄일 수 있어서 흔쾌히 수락을 하였다. 그녀는 기증 서류를 가져와 책 이름, 내용, 주소 등을 영어로 써달라고 한다. 그리고 영국 편이 나오면 보내줄 수 있냐며 자신의 이름과 주소를 적어 준다.

뜻밖에 기분 좋은 일이었다. 그리고 나는 누군가 이 책을 읽을 수 있는 사람이 이 도서관에 찾아올 날을 기대해 본다.

3. 2. 사라 레이번의 정원

우리나라에서는 RHS에서 주관하는 첼시 플라워 쇼(Chelsea Flower Show)는 정원을 꾸며 놓고 전시하는 쇼 가든(Show Garden)이 일반인들에게 더 많이 알려져 있는 것 같다. 하지만 원래의 목적은 채소, 유실수, 관상수 등의 새로운 품종을 전시하고 보급하는 것이었다. 물론 지금도 그 목적에 충실하여 플라워 쇼에 출품되는 신품종은 전 세계에 큰 관심을 불러 모으고 있다.

1913년 시작한 첼시 플라워 쇼는 1960년대 이후 단순히 신품종을 소개하는 쇼에서 벗어나 정원 디자인을 선보이기 시작한다. 그리고 정원 디자이너에 의해 출품된 쇼 가든은 자신의 정원을 조금 더 아름답게 꾸미고 싶어 하는 사람들에게 폭발적인 인기를 얻게 되었다. 그 인기를 말해 주듯이 첼시 플라워 쇼는 전시기간 동안 영국 BBC-TV 방송의 저녁 뉴스에서 매일 생방송될 정도이다.

지난 해, 첼시 플라워 쇼를 관람하던 중, 사라 레이번(Sarah Raven)의 전시부스를 보았다. 그곳에는 그녀의 정원에서 출시하는 꽃씨, 구근, 정원 소품 등을 취급하고 있었다. 그리고 사라는 그곳에서 그녀가 쓴 요리 책에 사인을 하고 있었다. 그때, 그녀에 대한 호기심으로 이번에 사라 레이번의 정원을 방문하게 되었다.

사라 레이번의 정원에 도착하니, 그녀는 런던에서 열리는 첼시 플라워 쇼 관계로 런던의 행사장에 있으며 이곳에서 사라 레이번과 12년을 같이 일했다는 테사(Tessa)가 우리를 맞이한다. 5월은 첼시 플라워 쇼의 행사 준비로 이곳의 모든 수업이 중단된다고 한다. 나는 그녀와 컨져버토리에 앉아서 사라 레이번의 이야기를 들었다.

사라 레이번은 1995년 런던 남부의 이스트 서쎄스(East Sussex)에 있는 퍼치 힐 농원(Perch Hill Farm)으로 이사 왔다. 이곳의 생활은 작가인 그녀의 남편 아담 니콜슨(Adam Nicolson)에 의해 <초지의 여름 향기(The Smell of Summer Grass)>라는 책에 자세히 서술되어 있다. 흥미롭게도 아담 니콜슨은 비타 색빌 웨스트의 외손자이다. 그러니 사라는 그녀의 손자며느리이다. 비타 색빌 웨스트는 영국인이 좋아하는 3대 정원의 하나인 시씽허스트 정원을 디자인한 사람이다.

그들은 남편이 외할머니의 일생과 저택 이야기를 집필하는 8년 동안 시씽허스트에서 지내기도 하였다. 그리고 2014년에 니콜슨은 <시씽허스트(Sissinghurst：Vita Sackville-West and the Creation of a Garden)>를 출간하였다.

사라 레이번은 플로리스트, 요리사, 정원사, 작가, 대학 강사이다. 그리고 그녀는 꽃꽂이, 정원 가꾸기, 채소 기르기 등에 대하여 여러 권의 책을 출판하였다. 그중에 요리책은 2008년에 요리 작가 협회에서 주는 올해의 요리책으로 뽑히기도 하였다. 또한 2011년 출판한 <야생화(Wild Flowers)>는 정원 마니아들에게 인기가 대단하다.

1 입구는 여느 농원과 비슷하다. 2 창고를 개조하여 다목적 용도의 건물로 쓰고 있다. 3 다양한 행사를 위하여 넓은 잔디밭을 두었다. 4 강의실이나 모임 장소로 단출하게 꾸며진 건물의 내부 모습이다. 5 건조에 강한 식물로 드라이 가든을 조성하였고 담 너머 멀리 목장지가 보인다.

모든 강습은 실습 위주이고 이를 위하여 각기 다른 모습의 정원이 조성되어 있다. 요리 교실에 필요한 채소를 기르기 위해 채소원이 있으며 그곳에서 채소 기르는 방법과 기술을 가르친다. 또한 커팅 가든(Cutting Garden)이 있는데 이곳에서 키운 꽃으로 꽃꽂이 강습을 하는 것이다. 정원 마니아들에게는 모두 배우고 싶은 강의들이다.

나는 테사가 이야기하는 중에 커팅 가든이란 단어를 처음 들어 무슨 정원이냐 물었다. 그녀의 설명은 꽃꽂이를 위해 절화를 생산하려고 만들어 놓은 화단이란다. 보통 대 저택에서 실내에 장식할 꽃을 자급자족하기 위하여 장식 화단과 별도로 만들었던 밭이다. 이 화단에 식물들은 개화시기에 따라 계절별 또는 월별로 사용할 수 있게 계획한다고 한다.

정원 투어는 <유럽의 주택정원> 1편에 쓴 헤세의 정원에서 보았듯이 그 정원의 역사, 식물, 정원 디자인 등에 대한 이야기를 전문가들이 직접 현장에서 설명해 주는 정원 여행이다.

또한 그녀는 퍼치 힐에서 다양한 수업을 진행하고 있다.

- 꽃꽂이 교실(Flowers & Floristry)
- 채소 기르기(Growing Vegetables)
- 요리 교실(Food & Cooking)
- 정원 가꾸기(Gardening)
- 정원 투어(Garden Tours)

사진 출처: www.sarahraven.com

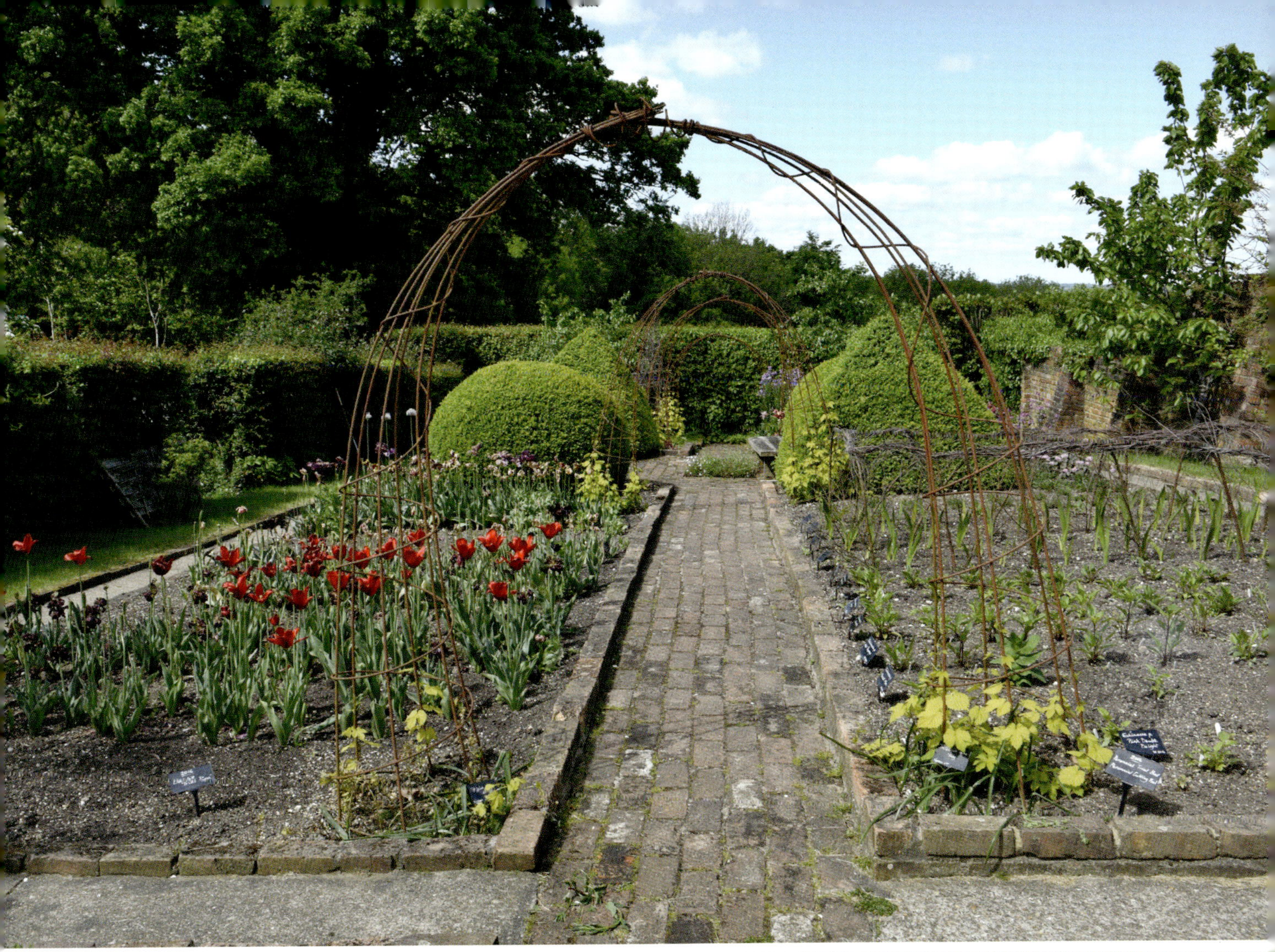

Echinacea p.
Marmalade
TR.2016
Echinacea p.
Green Jewel
TR.2016
Echinacea p.
Summer Samba
TR.2016

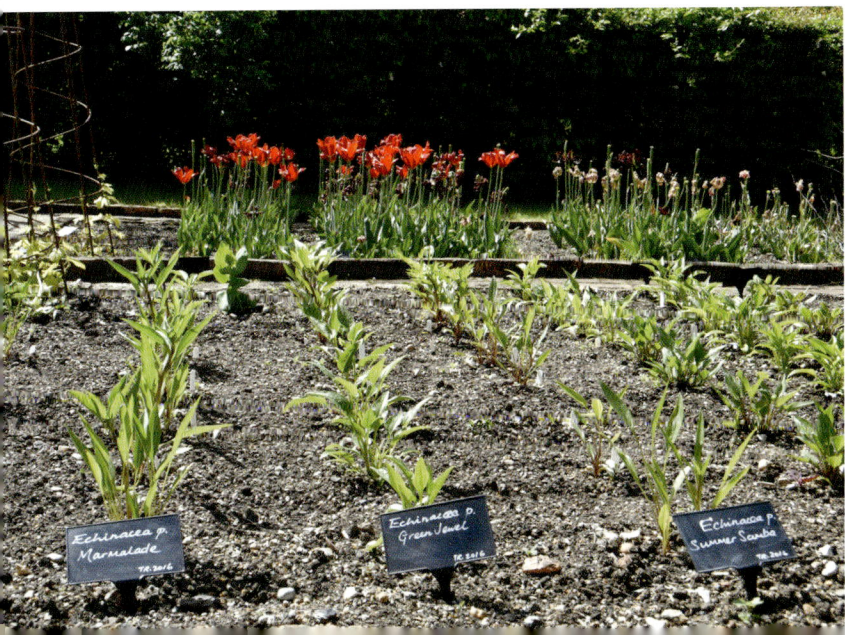

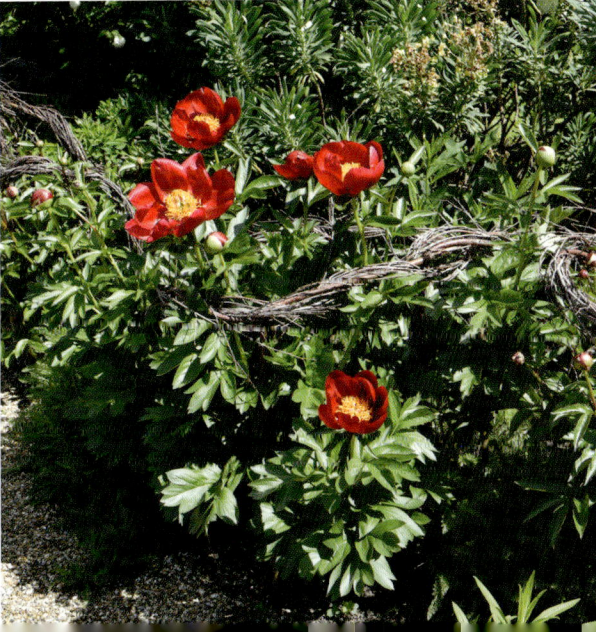

이곳 사라의 정원에서 진행하는 정원 투어는 보통 6월 말에 있으며 일 년에 한 번 기획되고 있다. 일정은 시씽허스트(Sissinghurst), 그레이트 딕스터(Great Dixter), 찰스톤(Charleston) 그리고 사라의 농장인 퍼치 힐의 정원을 묶어서 3일 동안 진행한다.

신청자들은 목요일 오후에 퍼치 힐에 모여 사라와 그곳의 책임 정원사 조지(Josie)의 설명을 듣는다. 그리고 온실인 그린 하우스, 절화용 꽃을 재배하는 커팅 가든, 요리 수업을 위한 베지터블 가든, 새로운 품종을 실험 재배하는 트라이얼 가든 그리고 지금도 소와 염소를 키우는 목장의 와일드 가든을 둘러본다.

그 다음날 아침에 그레이트 딕스터 정원을 관람하고 오후에 그곳에서 약 18km 떨어진 시씽허스트로 간다. 사라는 시씽허스트의 정원을 설명하고 그녀의 남편 아담 니콜슨은 비타 색빌 웨스트의 문학 세계와 엘리자베스풍의 저택을 설명해 준다.

그리고 토요일 오전에는 찰스톤(Charleston)으로 향한다.
찰스톤은 원래 사우스 다운즈(South Downs)의 높은 언덕인 펄 비콘(Firle Beacon) 아래 외딴 농가 주택이었다. 영국의 여류 작가인 버지니아 울프(Virginia Woolf)와 그녀의 남편 레오나드가 이 집을 발견하였고, 버지니아의 언니인 화가 바네사 벨이 1916년에 이 집을

구입한다. 그들은 복잡한 런던 생활에서 벗어나 이곳을 편안한 휴식처로 삼았다. 그리고 많은 예술가와 문학가들이 이곳에 모여 블룸즈버리 그룹(The Bloomsbury Group)을 형성하게 되었다. 블룸즈버리는 버지니아 울프가 살던 런던 시내의 지역 이름이다.

바네사와 그녀의 연인 덩컨 그랜트가 죽은 후, 이 농가와 정원을 소중히 보존하려는 사람들에 의해 복원 위원회가 만들어 졌고 지금은 일반인에게 공개하고 있다. 찰스톤 농가(Charleston Farmhouse)에는 블룸즈버리 그룹의 작품을 전시해 놓은 상설 전시장 이외에도, 갤러리가 있어 미술과 장식 예술 작품을 볼 수 있다. 이곳은 찰스톤 정원의 책임 정원사인 마크 디발(Mark Divall)과 사라가 설명을 맡고 있다. 이러한 정원 투어는 사라의 정원에서만 하는 것이 아니고, 영국 곳곳의 다른 정원이나 정원 전문가들에 의하여 다양하게 진행하고 있다. 이는 단지 정원을 감상하는 것뿐만 아니라 문학과 예술 그리고 역사가 접목되어 많은 사람들의 관심을 끌어내고 있다. 이러한 기획이 정원을 하나의 문화로 정착할 수 있게 만드는 원천이 되고 있는 것 같다.

1 테이블 위에 독특한 꽃 색의 페튜니아가 소담스럽다. 2 컨져버토리 앞에 있는 실습용 채소원이다 3 꽃꽂이 강의 등을 위한 컨져버토리 내부의 모습이다. 4 요리 교실을 위하여 채소를 기르고 있는 온실이다. 5 처마 밑에 새들을 위한 모이통이 걸려있다. 6 아직 소, 염소 등 목장도 함께하고 있으며 닭들이 채소원으로 들어오는 것을 막고 있다.

3.3. 그레이트 딕스터 정원

나는 주택 정원을 인터뷰하면서 정원 주인들에게 영국에 있는 어느 정원을 좋아하느냐고 묻곤 한다. 많은 정원사들이 그레이트 딕스터(Great Dixter) 정원을 꼽는다.

이 정원은 런던의 남동쪽으로 120킬로미터쯤 떨어진 웨스트 서쎄스(West Sussex) 주에 있으며 유명한 정원사이자 작가인 크리스토퍼 로이드(Christopher Lloyd, 1921~2006)가 평생을 가꾸어 놓은 정원이다.

그레이트 딕스터로 가는 길은 나지막한 언덕이 펼쳐진 한적한 시골길이다. 중간 중간에 울창한 숲도 나오고 주변에 마을도 보이지 않는 인적이 드문 길이다. 이 길이 그 유명한 그레이트 딕스터 정원으로 가는 길이 맞는지 의문스러웠다. 거의 목적지 근처에 도달하니 길가에 이 정원을 알리는 작은 팻말이 보인다. 하지만 도착하니 주차장의 크기가 이곳이 유명한 정원이라는 것을 확인시켜 준다.

이곳은 크리스토퍼 로이드가 태어나고 자란 곳이다. 1910년에 그의 부모는 이곳으로 이사 온다. 주택은 15세기에 나무 기둥과 벽돌로 지어진 오래된 농가 주택이다. 그들은 이 작고 낡은 집을 확장하기 위해 당시 켄트 지역에 남아 있던 16세기 건물을 해체하여 이곳으로 옮겨다 복원할 계획을 세운다. 그리고 당시 영국의 유명한 건축가 에드윈 루티엔스(Edwin Lutyens)에게 주택과 정원의 개조를 의뢰한다.

크리스토퍼 로이드는 이곳에서 여섯 남매의 막내로 태어난다. 그는 어머니 데이지 로이드(Daisy Lloyd)와 함께 정원을 가꾸면서 정원사의 꿈을 키운다. 그는 런던대학에서 정원 디자인과 계획을 배우는 관상 원예학(Decorative Horticulture)으로 학사와 석사를 취득하고 그 대학에서 강사로 일한다. 하지만 1954년 그는 강사 일을 그만두고 그레이트 딕스터로 돌아와 정원을 가꾸며 희귀식물을 키우고 판매하는 농원을 시작한다. 그리고 2006년 그의 생을 마감할 때까지 이곳에서 정원사로 살게 된다.

크리스토퍼 로이드는 단 한곳의 정원을 가꾸었지만 그는 그곳에서 정원 식물에 대한 다양한 실험과 시도로 터득한 정원 이야기를 25권의 책으로 출판한다. 그리고 그는 42년 동안 주간지<컨트리 라이프(Country Life)>에 정원 가꾸기 칼럼을 썼다.

크리스토퍼 로이드는 자신이 정원 디자이너가 아니며 정원사라고 늘 말한다. 그는 식물이 어떤 조건에서 잘 자라며 어떤 모습으로 어우러지는지를 연구한다. 그리고 그는 단순히 경험의 축적으로만 정원을 꾸미는 것이 아니라 아름답고 풍성한 혼합 식재의 다양한 연출을 끊임없이 시도한다. 크리스토퍼 로이드는 식물과 토양 그리고 원예 기법에 대해 연구한 20세기를 대표하는 식재 디자이너이다.

지금 크리스토퍼 로이드는 없지만 아직도 정원을 가꾸고 있는 사람들과 꾸미려는 사람들이 이곳으로 모이고 있다. 바로 그가 평생을 가꾸어 온 혼합 식재로 꾸미는 아름다운 화단을 보기 위하여 방문하고 있다. 그리고 그의 식재 디자인을 자신들의 정원에 참고하기 위해서이다.

그래서 그레이트 딕스터 정원에는 정원사들을 위한 다양한 수업이 있다. 취미 정원사들을 위한 수업은 주말 심포지엄, 가드닝 코스, 식재 디자인 강의 및 워크숍이 진행되고 있으며 수업 기간은 1일 코스부터 1년 코스까지 다양하다. 전문 정원사를 위한 교육은 개인의 능력에 따른 맞춤교육을 실시한다. 장학금 제도가 있으며 인턴 과정으로 실무 경험을 쌓을 수 있어 전 세계의 학생들이 오고 있다.

현재 이 수업은 퍼구스 가렛(Fergus Garrett)이 이끌어 가고 있다. 그는 1993년 이곳에 책임 정원사로 왔으며 20년을 넘게 이 정원을 가꾸고 있다. 크리스토퍼 로이드는 그를 늘 나의 절친한 친구라고 소개하였다. 그리고 지금 가렛은 2003년 발족한 그레이트 딕스터 재단(Great Dixter Charitable Trust)의 책임자로 있다.

입구를 들어서면 주택은 정면으로 약 80m 안쪽에 위치하고 그 사이 초지 정원(Meadow Garden)이 펼쳐진다. 길고 가는 잎새의 글라스류가 바람에 흔들리고 드문드문 야생화가 한두 포기 섞여 있는 목가적인 풍경의 초지이다. 하지만 그 한가롭고 자유로운 초지의 분위기는 나의 실력으로는 사진에 담을 수 없다는 것이 무척이나 안타깝다.

그리고 오른쪽으로 생울타리의 아치를 통과하면 썬크 가든(Sunk Garden)이다. 이곳은 원래 잔디로 덮여 있던 것을 제1차 세계 대전 때에 크리스토퍼의 아버지는 가족들을 위해 채소밭으로 사용하였다. 그리고 전후에 팔각형의 연못으로 만들었다. 내려가기 전 헛간의 벽면에 붙여 키우고 있는 무화과나무의 줄기가 장관이다.

1 혼합식재의 화려한 모습이다. 2 진한 자주색의 다알리아 꽃이다. 3 벽에 붙여 키우는 무화과나무에 무화과가 달렸다.
4 팔각형 연못이 있는 썬크 가든이다

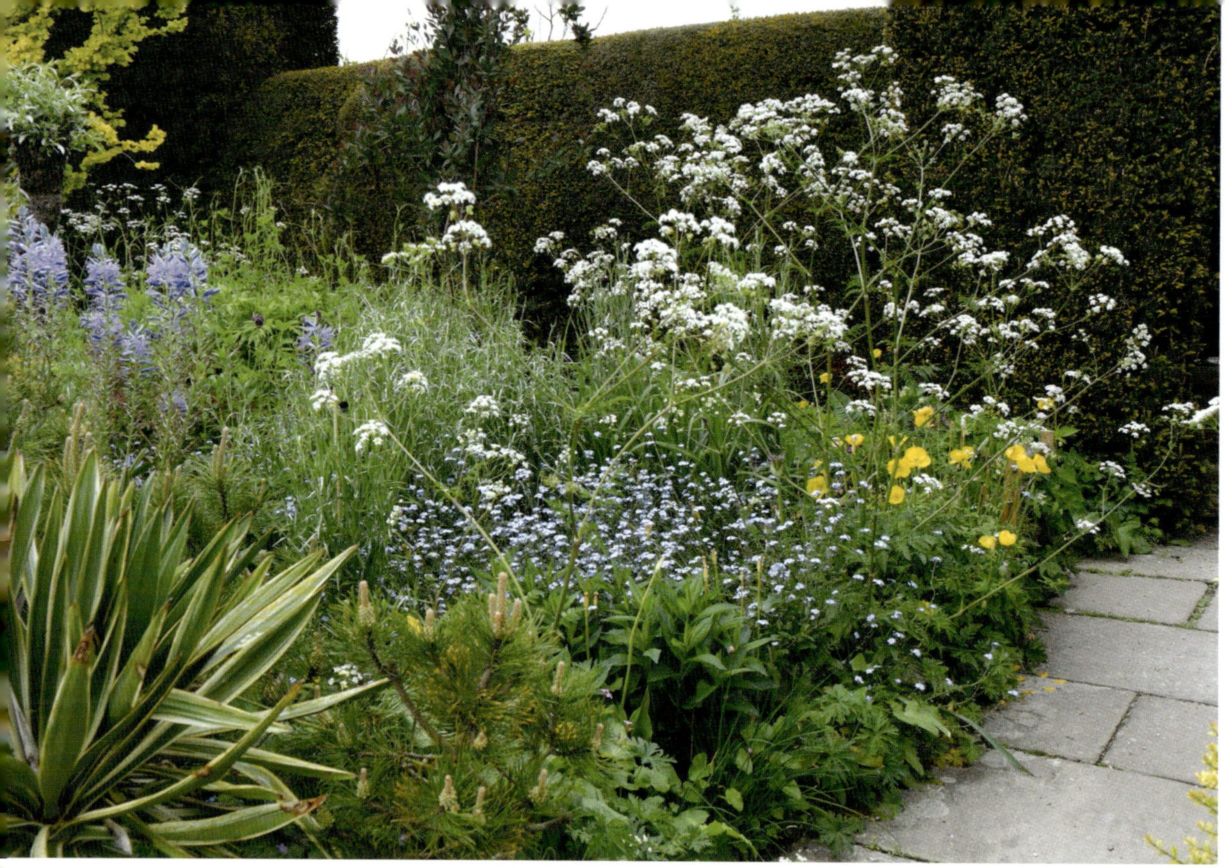

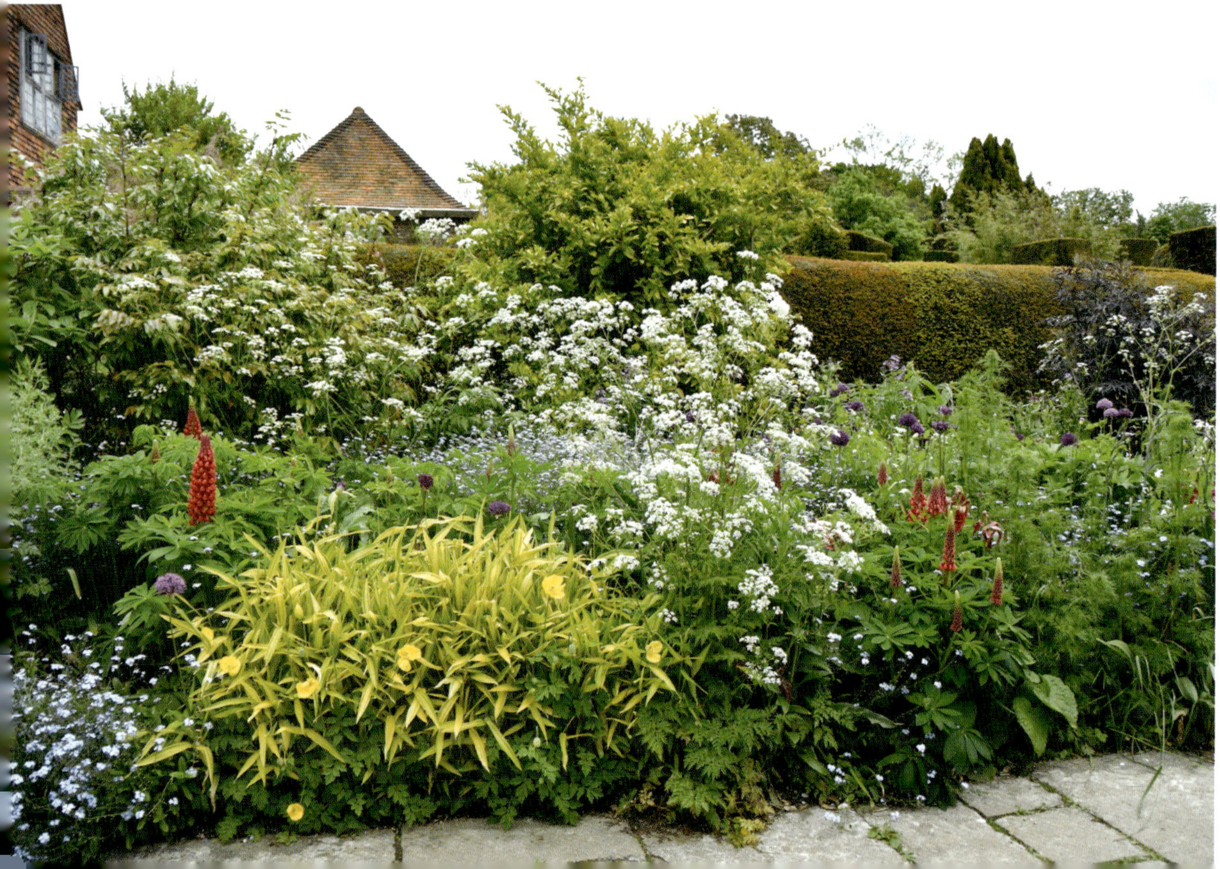

과수원과 주택 사이에 주목으로 다듬은 18개의 오래된 토피어리가 있다. 대부분 새들의 형상이다. 이것은 크리스토퍼의 어머니가 만들기 시작한 것이고 그녀는 그 형상을 새들의 회의 모습 또는 하나의 미술작품(A Conversation Piece)으로 취급하셨다 한다. 이런 미술작품은 우리네 가족사진처럼 18세기 영국에서 유행한 상류 사회 가족의 단란함을 표현하는 것이었다. 그리고 크리스토퍼는 해마다 이 토피어리를 계속 전정하였으며 아마 퍼구스 가렛도 계속할 것이다.

하지만 이 정원에 많은 정원사가 찾아오는 이유는 100m 정도의 긴 화단(Long Border) 때문일 것이다. 이곳은 혼합 식재로 연출한 화단이며 그가 심혈을 기울인 곳이다. 그는 교목, 관목, 숙근초 그리고 일년초까지 다양한 종류를 섞어 심었다. 그리고 식물의 높이, 꽃과 잎의 색상 그리고 질감을 고려하여 계절을 아우르는 아름다운 화단을 연출하였다. 이는 단순한 식물의 배합이라고 하기보다는 다양한 식물의 제각각 아름다움이 한데 어우러져 하나의 자연으로 돌아가는 훌륭한 환경 예술이다.

이 같은 혼합 식재는 1957년에 출판한 첫 책 <현대 정원의 혼합 화단(The Mixed Border in the Modern Garden)>에 서술되어 있으며 그는 그 이후로 50년에 걸쳐 식재 기술 및 디자인에 대해 많은 책을 썼다.

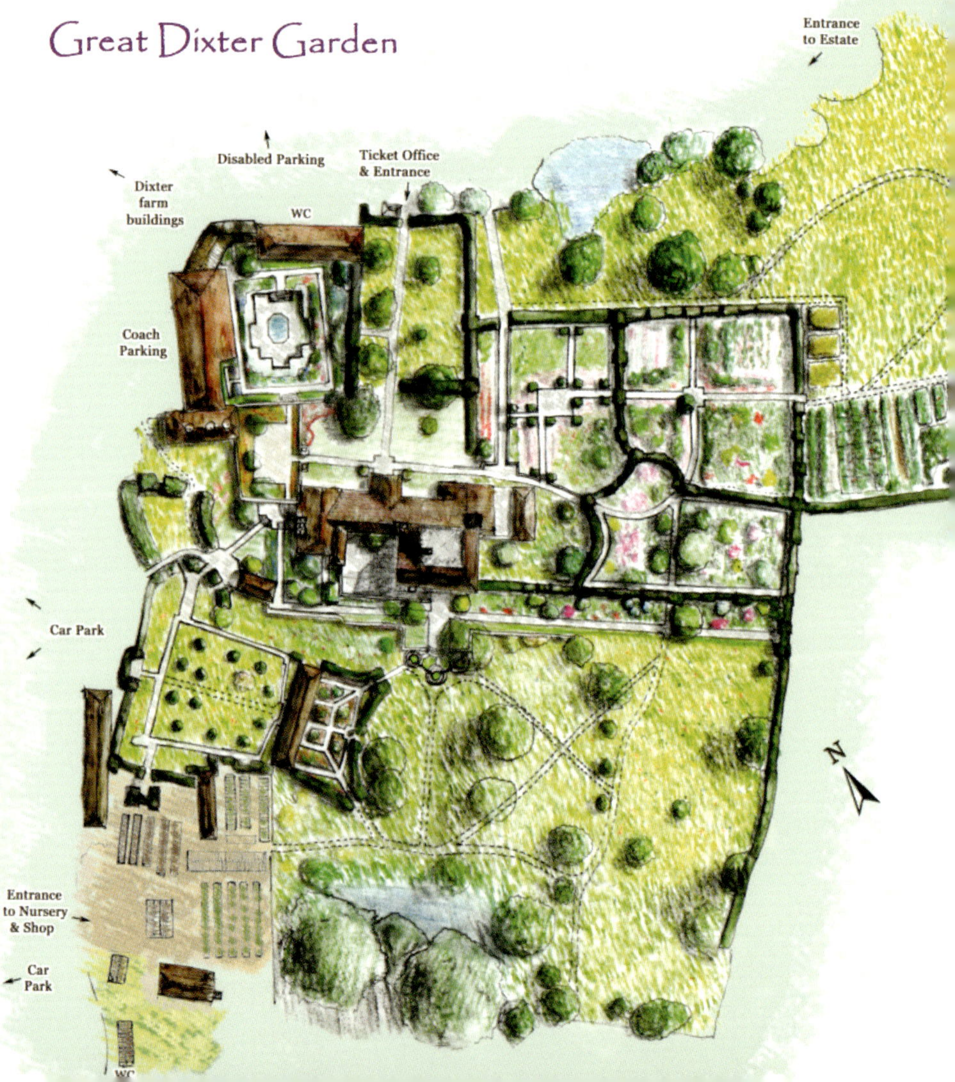

Great Dixter Garden

Entrance to Estate
Disabled Parking
Ticket Office & Entrance
Dixter farm buildings
WC
Coach Parking
Car Park
Entrance to Nursery & Shop
Car Park
WC
N

바쁘게 돌아다니다 보니 점심시간을 훌쩍 넘겼다. 묘포장 (The Nursery) 옆에 간단하게 점심을 먹을 수 있는 곳이 있어 그곳으로 향하였다. 보통 정원에 있는 묘포장에서는 이곳에서 재배한 모종이나 씨앗을 판매한다. 그리고 묘포장의 판매 수익, 정원 입장료, 식당, 카페 등의 수익은 기부금과 함께 정원의 수입원이 되고 있다. 또한 정원마다 정원을 사랑하는 자원봉사자들의 모임이 구성되어 있다. 그들의 수고가 영국의 아름다운 정원들을 보존하고 유지하는데 큰 힘이 되고 있다.

나는 간단히 샌드위치와 커피를 받아들고 자리를 잡았다. 테이블 앞에 낮은 나무 울타리가 쳐져 있고 그 너머는 과수원이다. 과일 나무는 드문드문 서 있고 시원스럽게 초지가 펼쳐진다. 가는 줄기 위에 연노란색 작은 꽃이 달린 야생화가 산들바람에 나직이 흔들리며 나의 피로를 날려주는 듯하다. 나는 이제 커피를 마시며 숨을 고른다.

나오는 길에 헛간 일부의 작은방에서 크리스토퍼 로이드의 생애에 대한 영상을 상영하고 있다. 동영상이 아닌 오래된 슬라이드를 천천히 바꿔가며 보여준다. 손님은 나 혼자이다. 그 안에는 작은 모니터와 등 없는 긴 나무의자 몇 개 그리고 벽에 걸린 액자 몇 개가 전부이다. 이곳의 소박한 분위기에 나는 갑자기 그와 오붓하게 마주하는 느낌이다. 그리고 그는 나에게 정원을 사랑한 그의 진솔한 삶을 오래된 이야기가 아닌 지금의 이야기로 말해 주고 있는 듯하다.

1 가든 센터의 내부이다. 2 간결한 의자이다. 3 로지아에서 본 정원이다. 4 묘포장에 관목류를 파는 곳이다. 5 주택 앞 데크로 올라가는 반원형의 계단이다. 6 정원의 배치도 7 로지아에 있는 소품인데 크리스토퍼와 책임 정원사 퍼구스 가렛을 닮은 듯하다. 8 정원 도구가 있는 창고이다. 9 전시실에 로이드 가문의 여섯 형제가 나란히 서있는 사진이 걸려 있고 거기서 제일 어린 막내가 크리스토퍼이다. 10 과수원으로 가는 길이다.

에필로그

관심이 없어서 보이지 않았습니다.

저는 어느 기관에서 선정한 세계의 살기 좋은 도시 10 위 안에 드는 호주의 퍼스(Perth)에서 유학생활을 하였습니다. 퍼스는 스완강이 흐르고 주변에 꽃과 나무가 아름답게 어우러진 도시입니다. 길에서 주택마다 예쁜 정원이 보이고 여기저기 공원이 있습니다. 저는 꽃과 나무는 심으면 그냥 자라고 장미는 항상 아름답게 피는 줄 알았습니다.

그러던 어느 날, 저는 어머니가 제안하시는 '공짜로 할 수 있는 유럽 여행'이라는 달콤한 유혹에 빠져 정원이 무엇인지도 모르고 카메라만 챙겨 따라나섰습니다. 그리고 3년 동안 4번의 유럽 여행을 하게 되었습니다. 그동안 독일, 스위스, 프랑스 그리고 영국을 다니며 각국의 정원 마니아들의 정원을 방문하고 그들과 이야기를 나누었습니다. 농부가 꿈이었던 케롤 브르스, 첼리스트인 수 마틴 등 이들이 정원을 꾸미는 열정과 그 열정을 실현하고 있는 끈기를 볼 수 있었습니다.

아마 정원 가꾸기는 이 끈기(?)가 아닌가 생각됩니다.
건축은 한 번 지어 놓으면 가구나 소소한 장식물로 변화를 줄 수 있지만 정원은 주인의 의지에 따라 사계절의 변화를 연출할 수 있습니다. 이 연출을 위해 정원사의 끈기가 필요합니다. 정원사는 아름다운 꽃 한 송이를 위해 일 년을 기다릴 줄 알고, 꽃나무를 위해 십 년, 이십 년을 기다릴 수 있는 사람들이었습니다.

또한 그들의 정원에 대한 열정은 헌책방에서도 짐작할 수 있었습니다.
저희는 정원 책이 있는 곳이라면 어디서나 헌책방, 새 책방 가리지 않고 들렀습니다. 작은 마을에 기부단체에서 운영하는 중고 잡화점에도 헌책이 있었습니다. 사실, 저로서는 독일이나 프랑스 책방은 책의 제목도 읽을 수 없어 주로 책방 의자에 앉아 기다렸습니다.

이번 영국 여행에서는 읽을 수 있는 언어이기에 저도 건축 관련 책들을 훑어보았습니다. 어느 책방에선가 저는 우선 건축 책들을 둘러보고 어머니가 보고 계시는 쪽으로 갔습니다. 정원에 관한 책들은 건축 책들과 그 양에서 엄청난 차이가 있었습니다. 건축 책은 7단짜리 책장의 반 정도를 채우고 있었는데, 정원 책은 무려 세 개의 책장을 채우고 있었습니다.

어쩌면 건축은 전문 분야이고 정원은 취미 생활이기 때문인지 모르겠습니다. 하지만 이 정도의 책이 발간되고 읽힌다면 영국인들의 정원에 대한 열정을 확인하기에 충분한 것 같습니다.

그리고 몇 번의 정원 여행을 다녀온 후, 저도 길가에서 볼 수 있는 정도의 나무 이름을 알게 되었고 언제 꽃이 피는지도 알게 되었습니다. 그리고 그들을 담으러 카메라를 들고 나서는 저를 발견하게 되었습니다. 작은 관심이 보이지 않았던 것을 보게 하였고 그것이 호기심이 되어 열정이 되었나 봅니다.

끝으로 저는 이 책을 읽는 독자 여러분들이 미흡하지만 제가 찍은 사진을 보시고 호기심이 생기셔서 정원 꾸미기에 대한 열정이 더욱 커지시기를 바랍니다. 덕분에 '유럽 여행'이라는 달콤한 유혹은 저에게 보람 있고 즐거웠습니다.
독자 여러분 감사합니다.

— 사진 찍은 서 이수 —

- Bury Court의 정원사 -

유럽의 주택 정원 3

– 영국의 오픈 가든 –

초판 1쇄 발행 2016년 9월 5일
재판 1쇄 발행 2021년 6월 12일

지은이 | 문현주
펴낸이 | 서이수
펴낸곳 | Atelier Isu
편집디자인 | 백연옥
인쇄 | 금석인쇄

출판등록 | 제2014-000010 호
주소 | 경기도 양평군 양시면 신원1길 221
전화 | 070.7773.4190 / 010.7392.1469
팩스 | 02.6008.7089
이메일 | atelierisu@naver.com

ⓒ 문현주, 2016

ISBN 979-11-954329-3-6
ISBN 979-11-954329-1-2(세트)